地方自治ジャーナルブックレット No.58

東京都区制度の歴史と課題

都区制度問題の考え方

栗原　利美　著
米倉　克良　編

公人の友社

目次

序文

民主主義は政治の普遍的原理である。そして民主主義は「永久革命」(Long Long Revolution)によって実現するものであると仮定すると、市民は、民主主義を既成の制度あるいは固定的なたてまえとしないで、不断に変革していかなければならないと考える。このためには、市民の政治に対する習熟が必要となる。「市民の政治的習熟には、数世代以上にわたる、ながい市民運動の経験蓄積を土台とした、〔1〕自治・共和型の政治発想の熟成、〔2〕自治・分権型の政策・制度開発が不可欠」[1]である。

私はかつて、「岩波市民セミナー」(一九八五年秋開催)で、セミナーの講師である松下圭一が、「分節政治理論の構想」の一環として、「権力の分立」を提起し、「中央レベルと自治体レベルの制度分権」を考えていく必要性を説き、地方分権によって中央政府の巨大官僚機構を分割し、「官治・集権型」から「自治・分権型」への政治体制の転換がまず不可欠で、そのうえで、自治体レベル、国レベルの「機構分立」を考えるべきであるとの論を展開していた[2]のを、大変興味をもって聞いた。

その後「分権化」はまさに時代の大きな潮流となり、一九九五(平成七)年五月の『地方分権推進法』の成立、同年七月の「地方分権推進委員会」の設置、そして、一九九六(平成八)年一二月の第一次勧告から一九九八（平成一〇）年一一月の第五次勧告を経て、一九九九（平成一一）年七月八日に『地方分権推進一括法』の成立（七月一六日公布）をみたのは周知のことである。このときの分権改革は、「永田町の族議員たち」や「霞ヶ関のお役人たち」などの一部にかなりの抵抗があり、一定の限界があったことは事実であるが、「機関委任事務」が廃止され、「自治事務」及び「法定受託事務」とも地方自治体の事務となったことは、歴史的にみて画期的なことであった。

まさに地方分権の推進は、『中間報告』で、「この変革はわが国の政治・行政の基本構造を大本から変革しようとするものであり、その波及効果は深く、広い。それは明治維新・戦後改革に次ぐ『第三の改革』というべきものの一環であって、数多くの関係法令の改正を要する世紀転換の大事業である」(3)と位置付けられていた。

ところでこのときの分権改革において、地方制度の改革に関してはどうかというと、「政令指定都市・中核市の権限拡大や中核市の要件緩和などの方向性は示したが、根幹的な改革プランは提示しなかった」が、「その中で、大都市東京の都市内分権ともいえる都区制度改革は、一九九八年四月三〇日に都区制度改革に関する地方自治等の一部改正法がようやく成立、特別区は『基礎的な地方公共団体』に位置付けられることとなり、二〇〇〇年四月一日から施行となった」のである(4)。

本書は、この「大都市東京の都市内分権化」ともいえる都区制度改革(5)について、都区制度の歴史と改革の両面にわたり考察し、「東京の自治・共和」への新たな展開に向けて理論構築を行うことを目的とするものである。具体的な論点としては、以下のとおりである。

第一に、わが国の地方自治制度において、都区制度という極めて特殊な制度がなぜ形成されたのかを歴史的に考察する。というのは、この都区制度は、地方自治の制度設計の基本思想＝「自治・共和」と相容れないものとなっており、わが国の地方制度の歴史上、失敗の一つの象徴になっていると考えるからである。

第二に、東京都庁がいわゆる「東京市役所」的体質から政策自治体に脱皮し、首都圏の中枢自治体として各県とさまざまな政策課題に取り組んで行くためには、都区制度を廃止し、「府県行政」に純化する必要があることを論証する。

第三に、東京都庁が「府県行政」に純化するには、当然のことながら、現在東京都がもっている「市」の権限を全部特別区に移管し、都の区に対する財政のコントロール手段となっている「都区財政調整制度」を廃止し、特別区が基礎自治体として自立することがポイントとなることを明らかにしたい。

本論に入る前に、本書がなぜこのようなテーマをとり上げるのかについて触れておきたい。

私は、現在東京都庁に勤務しているが、本質的に「東京市役所」であることは約二五年間の間実感してきたことであり、この根本的要因が都区制度にあると考えたからである。なぜなら、現在の都庁は、「府県行政」と「市の行政」の二つの機能をもった巨大な行政組織となっている。この自治体版「レヴァイアサン」には、①局を単位とする全くのタテ割り組織であり、組織全体を調整するトップ・マネジメント機能が働かないこと、②自治体財務ができない組織になっていること、具体的には都の財産がどれだけあるのか、また本当の赤字の額はいくらなのかといった基本的な事項が誰にもわからなくなっていること、③自治体の政策目標である自治体計画が策定できないこと、④組織が巨大かつ複雑過ぎて、人事管理がいきとどかないなどの重大な欠陥がある。この巨大化した組織をスリム化し、都庁が県レベルの自治体として、自己の権限及び責任を明確にするには、都区制度を廃止することが有効な手段の一つであると考えるからである。したがって本テーマの設定は、まさに現場の実感から生まれた問題提起そのものにほかならない。

また、以上の論述の留意点として、都区制度改革を考察する場合、東京都と特別区の関係（いわゆるタテの関係）と特別区相互間の関係（いわゆるヨコの関係）の両面から考察することが必要である。というのは、「都区一体性」だけでなく「特別区一体性」という観念が、都庁や特別区の職員の考え方に強く存在するからである。こうした観念がいかに幻想であり、破綻したものであるかを、本書の展開において明らかにしていきたい。

（1）松下圭一『現代政治の基礎理論』（東京大学出版会、一九九五年）三〇頁。なお本書は、本論文に展開される理論にとって、基本的なフレームとなっている重要な基本文献の一つである。
（2）松下圭一『ロック「市民政府論」を読む』（岩波書店、一九八七年）二七六—二七七頁。
（3）地方分権推進委員会『中間報告—分権型社会の構造』（一九九六年三月）三頁。
地方分権改革をめぐる詳細については、西尾勝『未完の分権改革』（岩波書店、一九九九年）が大変参考になった。本書の意義については、本書の解説で新藤宗幸が、「地方分権推進委員会の理論的支柱であり、各省庁との折衝を取り仕切ってきた実務上のリーダーは、『本職は総理府事務官、東京大学教授は非常勤』といった状況におかれた西尾勝氏であった。機関委任事務制度の廃止を求める意見は、今に始まるものではない。しかし、機関委任事務は厳然として存在しつづけた。それだけ強固な基盤を有していたのである。この堅い岩盤にいかなる戦略・戦術をもって当たったのか。委員会の議事録は公開されているものの、それのみでは実態が分からない。私ならずとも、西尾氏にその詳細を聞いてみたくなるであろう」（二三四頁）と述べている。

（4）土岐寛「地方分権と自治体・都区制度―東京の都市内分権化」『東京研究三』（一九九九年）、三五―三六頁。

（5）土岐、同論文、三五頁。また、次のような指摘は、都区制度改革についてその本質を示している。「東京の一極集中やバブル経済の進行とその失速、首都機能・国会機能移転問題、都心三区の定住人口の減少と昼間人口の増大、都心三区直轄論、中核市・広域連合等新たな地方制度の創設など、東京と特別区を包む環境が大きく変容したことも、都区制度改革の進展に直接間接の影響を及ぼしている。しかし、都区制度は東京の自治の根幹にかかわるものであって、東京が市民生活の拠点であり、かつ首都・世界都市としての機能を充実していくためには不可欠のプロセスである。それは東京都が長くかかえてきた「内なる分権」の課題であると同時に、戦前・戦後から継続している大都市問題そのものでもある。戦後制度全般が見直し・再編成に直面し、地方分権が叫ばれているこんにち、都区制度改革はその試金石といえる」（土岐寛『東京問題の政治学』〔日本評論社、一九九五年〕二三六頁）。

第一章　東京都制の成立過程　都区制度の原型としての都制

わが国における現行の地方自治制度は、基礎自治体である市町村と市町村を包括する広域自治体である都道府県の二層制をとっている。「地方自治法」により、一般の市と都道府県の間では、行政上の事務権限について、一定の分担が決められる。しかし、大都市に関してはこれとは別に二つの特別な制度が存在している。一つは政令指定都市制度で、人口が概ね百万人を超える大都市[1]に、市と都道府県との間の事務分担について特例措置を設けている。分権改革の当時には、横浜市、大阪市、京都市など全国一二[2]の大都市がこの制度の指定を受けていた。他にもう一つ大都市東京に存在する特別な制度として、東京都と東京都の区＝特別区（東京二三区）にのみ適用されている都区制度がある。

この二つの大都市制度は、行政上の事務権限に関して「全く正反対の制度」となっている。都区制度は、普通は市の事務権限とされているものの一部が、広域自治体である東京都のほうに吸い上げられ、東京都が府県の事務権限に加えて市の事務権限の一部まで所管する形態となっている。これに対して政令指定都市制度は、普通は府県の事務権限とされているものの一部が基礎自治体である市に移譲され、市が市の事務権限に加え、府県の事務権限の一部まで所管している形態で、特例を認められた大都市の区域については、府県の自治権が一般の府県の自治権よりも制限されている(3)。

本書は、この二つの大都市制度のうち都区制度についてとりあげるものである。まず本書においては、なぜこのような特殊な制度が東京にだけ存在するのかを、戦前の東京都制の成立過程をふりかえることによって、考えてみたい。

(1)「地方自治法」第二百五十二条の十九では、「政令で指定する人口五十万以上の市」と規定されているが、分権改革期までの実例では、概ね人口百万人以上、近年では七十万人以上の市が政令指定都市となっている。

(2)〔追加補注〕二〇一二(平成二四)年四月一日に熊本市が移行し、二〇市となった。

(3)西尾勝「地方自治制度の大都市特例」(有馬朗人編集代表『都市〔東京大学公開講座〕』東京大学出版会、一九九一年、二二一―二三三頁)を参照。これは、もともと東京大学が市民向けに行った公開講座(私もその時、聴講生のひとりであった。)における講義を収録したものである。本テーマについて、たいへんわかりやすくまた明快に論じている。

第一節　東京府一五区の成立　郡区町村編成法

一八六八(慶応四)年七月に、江戸が東京と改称され、新たに東京府が設置されて、同年八月に東京府庁を開設し、府知事が東京の地方行政一般を所管することとなった。同年九月、慶応から明治に年号が改まった。東京の区の創設は、一八六九（明治二）年三月にさかのぼる。同二年二月、東京府内に朱引（江戸市中のこと）[1]を定め、その内部を市街地とした。同年三月には、旧幕府制度の名残りであった名主制度を全廃し、フランスの制度を模倣して市街地を五〇の行政区に分け、五区ごとに一人の世話掛、各区に中年寄、添年寄を各一人置いた。これが小区とよばれ、ここに「区」が発足したのである。

一八七一（明治四）年四月戸籍法により、戸籍上の目的から全国に行政区域としての区を設置し、そこに官選の戸長と副戸長を置いた。同年六月、市街地と農村を区別するために朱引内を縮小し、朱引内四四区、朱引外六大区二五小区が設置された。また同年七月、廃藩置県により府県制が制定され、同年一一月には従前の東京府が廃止され、この時には朱引も廃止されて、府域内外を一括して、六大区九七小区に変更された。一八七二（明治五）年四月、「荘屋・名主・年寄等をすべて廃して戸長・副戸長と改め、これに一切の民政事務を取扱わせることとした（太政官布告）。これよりやがて大区小区制へと移行した。区はここにはじめて地方行政上の一般的な行政区画となった。このように大区小区制は、わが国最初の地方制度であるが、旧来の自治団体たる郡・町村を否定し中央集権的行政機構の末端機関として設定されたものであった」[2]。区はその後一八七三（明治六）年及び一八七四（明治七）年の再編成により、同年三月、再び府域を朱引内外に分け、朱引内六大区七〇小区、朱引外五大区三三小区、合計一一大区一〇三小区にとなった。

「大区小区制はそれまでの『自然村』の役割を否定し、『旧慣ヲ破リ民俗ニ戻リ（そむき）世ノ不便トスル所』（大森鐘一ほか編『市町村制史稿』）で、地域住民の利害と対立し混乱をまねいた。こうした強権的な地方行政を手なおしするかたちで、政府は全国各地にたかまる農民一揆と自由民権運動に対処するために統一地方制度の安定を必要とした。その結果、一八七八（明治一一年）七月、三新法すなわち郡区町村編成法・府県会規則・地方税規則が施行され」たのである(3)。この三新法は、わが国の地方制度の礎となったものである。「中央政府の出先であった東京市が、曲がりなりにも地方自治体としての形をもつように至ったのは、この三新法によってであり、それ以前の旧慣を尊重する方針から脱皮して、近代的地方制度への転換がはかられることになった主要な変革の一つである」(4)。

この三新法のうち、郡区町村編成法をみると、この法律はもともと六条からなる簡単なものであるが、第四条に「三府五港其他人民輻輳ノ地ハ別ニ一区トナシ其広濶ナル者ハ区分シテ数区トナス」と規定があり、また第一条に「地方ヲ画シテ府県ノ下郡区町村トス」と規定があることから、東京府には、朱引内に一五区、朱引外に六郡が設置された。

区は現在の市に相当するが、当時は市という呼称がなかった。区は、大都市や地方の中心都市に限って置かれた。三新法によって三府一三県に合計三六の区が置かれたが、二四県には置かれていないのは、当時のわが国の都市化の状況の反映である(5)。この東京府の一五区は、旧東京市の一五区の始まりであったが、行政区にあまんじ、財産区としてのみ法人格を認められにすぎず、東京府に直属し、区長は官選であった(6)。

一八八〇（明治一三）年に区市町村会法（全文一〇カ条）が制定されて区会が設置された。公共に関する事件、経費の支出徴収方法を議定（第一条）、区長村会の規則は府知事県令の裁定を受けなければならないとした（第二条）。この区会が、その後今日まで存続しているのは、東京都の特別区だけで、特別区の制度自体は他の大都市への適用も可能なはずだが、伝統の有無は決定的である。ただ、区会自体は、一八九四年の区市町村会法全文改正で、従来の公共一般では広過ぎるとして『区長村費ヲ以テ支弁スヘキ事件』（第一条）に限定、また従来区市町村の自治に任せたため各区市町村がばらばらになり、不都合があっても改められないとして国の統制を強化する方向が採られた。これは、デフレ政策により国の負担を地方へ転嫁するのに妨げとなったことによるものとされた。そして、区長村会の規則制定権は府知事県令に移され（第二条）、新たに区長に区会招集権と発案権を付与し（第三条）、区長が区会の議長となる（第一一条）などの措置が講じられた」(7)。

（1）文政期に、徳川幕府が江戸の内と外を絵に「朱」で記入し、区分した。このことから、江戸市中を朱引内といったのである。
（2）東京都公文書館編『都史紀要三〇市制町村制と東京』（東京都、一九八三年）三頁。
（3）石塚裕道・成田龍一『東京都の百年』（山川出版社、一九八六年）二三頁。
（4）沖田哲也他著『地方自治と都市政策』（学陽書房、一九八一年）一五〇頁。
（5）三府とは、東京、京都、大阪であり、五港は、神奈川県横浜区、兵庫県神戸区、長崎県長崎区、新潟県新潟区、堺県堺区であった。合計三六の区とは以下のとおりである。
〔**東京府**〕麹町区・神田区・日本橋区・京橋区・芝区・麻生区・赤坂区・四谷区・牛込区・小石川区・本郷区・下谷区・浅草区・本所区・深川区（一五区）〔**京都府**〕上京区・下京区・伏見区（三区）〔**大阪府**〕東区・西区・南区・北区（四区）〔**神奈川県**〕横浜区〔**兵庫県**〕神戸区〔**長崎県**〕長崎区〔**新潟県**〕新潟区〔**堺県**〕堺区〔**愛知県**〕名古屋区〔**宮城県**〕仙台区〔**石川県**〕金沢区〔**岡山県**〕岡山区〔**広島県**〕広島区〔**山口県**〕赤間関区〔**和歌山県**〕和歌山区〔**福岡県**〕福岡区〔**熊本県**〕熊本区

なお三新法については、次の文献を参照した。大都市制度史編さん委員会編『大都市制度史』（ぎょうせい、一九八四年）一七―二二頁。土岐寛『東京問題の政治学』（日本評論社、一九九五年）一八頁。

（6）この一五区は歴史的、社会的にみて、「一つの地域を形成している地縁団体であるとの観念から、三部経済制や、七分積金処分などの場合には、独立した存在を許されなかったのである。この三部経済制とは、行政区域内に大都市が存在する府県に特有の制度であり、初めは東京府にだけ認められた固有の制度であった。その目的は同一県であっても、市部と郡部で共通な経費を除いて、別個な運営をおこなうというものである。そして、府県には区部会、郡部会と共通事項を処理する府県会を置くほか、経済も同様に三部に分けたのである。東京府は、明治一二年一月、この制度を採る理由を大要次のように述べている。『一五区は江戸府内で一体の関係をもっている。また東京は首都なるがため、多額の経費を要するが、といっても農村六郡に共通の負担をさせるのは不合理である。』この三部経制は、東京の場合三新法施行に始まり、市の発足で確立し、昭和七年の市域拡張で終わった。次に七分積金とは、江戸時代非常用のために町入用＝町の経費＝の一部を地主が積立てしていたものを東京府が引継いだものであるが、処分に際して府は独自に処理せず、府会の区部議員に計って処理することが当を得た方法だとしたのである。こうしたことが、元来、歴史的・社会的に一つの地域を形成している一五町が、地縁的共同体であるとする傾向に寄与した」（沖田ほか、前掲書、一五〇―一五一頁。）とされている。この一五区の共同体的性格の中に、のちの東京都の特別区一体性論の萌芽をみることができる。

また、当時の区の行っていた事務の主なものは、租税の徴収、徴兵関係の調査、戸籍事務、小学校関係の事務などである。

（7）佐藤竺「東京都特別区の自治権拡充と郡区関係」『成蹊法学』第三三号、一一七頁。

第二節　東京市の誕生　三市特例の制定と廃止

わが国の地方自治制度の原型というべき、市制町村制が公布されたのは一八八八（明治二一）年のことである。これはプロイセン型の地方自治制度をモデルにして制定されたものであるとされている(1)。

市制町村制は翌一八八九（明治二二）年四月から施行されることになったが、施行に先立つ同年三月、政府は「市制中東京市、京都市、大阪市ニ特例ヲ設ク」の法律を公布し、これと同時施行とした。山県有朋内務大臣は先の市制制定にあたり、特別の制度を三市に設けようとしたが、一般市並みで妥協せざるを得なかった。

しかし、「元老院でも三市については一般市並みには反対が強く、特例が生まれることになったのであった。したがって国には三市に対する直轄意識が強く、とりわけ東京市の場合は、①天皇のおひざもと、②国の事務は重きをなす、③国家が干渉を強化する必要がある、④東京府と東京市の連絡を密にする必要があるといった事情から、国が直轄するフランスの首都パリの制度を採用することになった。また、この④に関連して、東京市が過大で府知事の権限が半分になってしまい、また東京市を除く府下が財政難に陥るのを懸念したものともいわれる。もっとも、一般市といっても、当時の市は数が少なく、一八八九年末までに三九市が誕生しただけで、すべて城下町と港町ばかり、市は町村と異なり国にとって重要な存在と考えられ、まして三大市はとりわけ重要として国の統制を強めたものであった」(2)。

このいわゆる「三市特例」の内容は次のようなものであった(3)。

〔1〕三市には市長及び助役を置かず、市長の職務は府知事、助役の職務は書記官が行う。

〔2〕三市の参事会は、府知事、書記官及び名誉職参事会員で構成する。

〔3〕収入役、書記その他の付属員を置かず、府の官吏がこれにあたる。

〔4〕三市には従来の区を置き、市参事会選任の有給の区長と書記を置く。

〔5〕区を市会議員の選挙区とする。

こうした大都市の自治を認めないきわめて官治型制度の下、一八八九(明治二二)年五月一日に東京市が誕生した。既存の一五区は東京市に属することとなったが、東京市長の職務は東京府知事が行い、東京市の吏員も市庁舎もないなど実質的に東京市の実体は存在しなかった(図1参照)。

こうして、三市特例がきわめて官治的であったことから、施行直後から廃止運動がおこった。一八九〇（明治二三）年に帝国議会が開設され、政府反対党が多数を占めた結果、廃止の動きも強まり、三市や京都府区部会などから内務大臣、貴族院、衆議院に建議や請願が提出された。帝国議会では三市特例廃止法案が審議されるようになり、以後、第七議会を除き、毎回議会に上程されたが、法案は衆議院で毎回可決、貴族院では否決または審議未了がくりかえされた。結局、一八九八（明治三一）年六月に可決され、同年九月三〇日限りで三市特例は廃止されることとなり、三市は、一般の市と同じ自治制度を適用することとなった(4)。

また、同年九月に新たに「三市ノ区ニ関スル件」（全文一一カ条）が制定された。それは、「収入役を置くこと、その故障のあるときは市参事会の指名した区書記が代理（第二条）、区長の事務処理は市の規程を準用（第三条）、区長は府知事の補助執行ではなく行政事務を管掌（第四条）、区書記その他を指揮監掌（第五条）、従来の区会は存置、区の事務の議決権、区会議員は市の名誉職（第七条）、区会の選挙関係には市会の規程を準用、その他は、準用（第八条）、区の名称、区役所の位置については区会が議決（第一〇条）といった具合に、区の自治権を大幅に拡張したものとなった」(5)。また区は、区の所有する財産及び営造物に関する事務、その他法律命令により区に属する事務を処理するものとされたのである。

（1）明治憲法体制と地方自治の関係について、赤木須留喜の次のような指摘は興味深い。
「天皇制統治構造が、ドイツ型の地方制度によって定着する状況と条件を与えられたことは、否定できないであろう。そのことは逆に、明治憲法体制のあゆみが、地方自治制をささえる社会的実態とその動きに対応し、また、それによせられた価値基準によって左右されるという微妙な相関関係にあることを示唆している。その意味において、地方自治制度は、巨視的にみると、まさに、体制のアキレス腱であったとみなすことができる」（赤木須留喜『東京都政の研究』〔未来社、一九九七年〕一〇七頁。）。また、市制町村制成立過程については、亀掛川浩『明治地方制度成立史』（一九六九年、柏書房）が詳しい。

（2）佐藤、前掲論文、二一八—二一九頁。
また、西尾勝も前掲二二六頁で、明治政府が大都市の自治権を制限した理由を次のように述べている。「当初が市に指定されたまちは、現在ほど数は多くなかったが、そのほとんどが江戸時代の各藩の城下町か港町であり、明治維新政府に必ずしも好意的でない旧士族の人たちの勢力が強く残っていたところ、あるいはその後勃興した自由民権運動の拠点になっているところだったからである。このように必ずしも明治政府に好意的でない人たちが多数住んでいるところに自治権を与えると、これが中央政府に対する批判・反抗の拠点になってしまうことを警戒したためである。なかでも東京・大阪・京都は徳川幕藩体制時代から徳川幕府の直轄地であったところであり、明治維新政府にとってもきわめて政治的に重要な拠点だったためである」。

（3）大都市制度史編さん委員会編、前掲書、四九頁参照。

（4）東京市長は、東京市会によって選出される間接公選であり、市民による直接選挙で選ばれるものではなかった。しかし、三市特例廃止を新たな地方自治の出発としてとらえ、これに因んで、現在一〇月一日を「都民の日」と定めている。

（5）佐藤、前掲論文、二二九—二三〇頁。

第三節　特別市制運動の展開　六大都市自治権拡充運動

首都である東京市については、政府の東京都制案（従来の市の区域に東京都を設け、府県と同列において都長官を府県知事と同じ官吏とする。）と衆議院の東京市制案（東京市を東京府から独立させ、市長は市会の推薦した候補から選出する。）との抗争が、一八九六（明治二九）年の第九議会から一九一一（明治四四）年の第二七議会まで、続けられた。

一九一一（明治四四）年に市制町村制が大幅に改正された。市制の重要な改正点として、①市会は、任期六年の半数改選から任期四年の全員改選となり、②市参事会は、合議制の執行機関から副議決機関となり、③市長は独任制となり、執行機関となった。また大都市の区については、法人格が法律上認められ、一定程度自治権が拡充された。

「市制改正法律が制定され、従来の東京市自立の主張のかなりのものが実現した結果、衆議院側の提案は一時途絶え、このあとは政党内閣の出現、第一次世界大戦、大正デモクラシーという新たな状況のなかで、これまでの東京だけの特別規定という考え方から都市化の著しい他の大都市にも共通の構想を考える特別市制の運動へと変化していった。一方、政府は、改正法律の時点での政府答弁では、東京市は大都市であり、特別制度が必要だが、満足のゆく成案が得られず、一方市の制度改正が急がれるのでまずそれを制定したうえで東京市に最善の措置を講じたいとした」(1)。

大都市の自治権拡充運動の一つの端的な現れが、「特別市制度」の構想であった。わが国の資本主義の急速な進展に伴い、都市人口は増大し、大正期には東京、大阪、京都の三市に名古屋、神戸、横浜が加わり、「六大都市」の時代となった。この特別市制度というのは、大都市については、府県の管轄と監督から独立し、市の事務権限だけでなく府県の事務権限をもった団体にしようとする構想(2)であった。六大都市はこの制度の実現に向けて、自治権拡充の運動を展開したのである。

「一九二一年の市制改正に続いて六大都市行政監督ニ関スル件（同年一一月二日）と六大都市行政監督ニ関スル法律（一九二二年三月二十二日）が相次いで制定された。前者は、市行政で府県知事の許可を要する事項中一部を除き六大都市には不要とし、また後者も市の公共事務と委任事務に関し知事の許認可を必要とするものは勅令でそれを受けなくてもよいようにするとした。その理由としては、六大都市は、『戸口、経済力、事務処理の能力等に於て遙に他の都市を凌駕し優に府県と同じうし得るに拘らず之を他の都市と同一に取扱ふは実情に適せざるのみならず事務の煩雑を招くを以て特例を設けんとす。』とあった」(3)。

また、特別市制度との関係で重要なのは、一九二一（大正一〇）年に議会に提出されたが日の目を見ることなくおわった「区制案」である。内容は「①区を公共事務を処理する法人として位置づけ、区住民、区公民を認める。②区に区会及び区参事会を設置する。③区長、助役、収入役等に対し、区会における選挙制度を採用する。④区に区税、夫役及び現品の賦課徴収権を与える。⑤区に区条例及び区規則の制定権を付与する。⑥区を直接市長の監督下に置く。」(4)というものであった。

この法案は、大都市の区を独立した自治体にしようとする当時においては画期的な内容であったが、特別市制を実現していない段階で区のみ独立した自治体にするのは、時期尚早であるとし、実現しなかった。

一九二二（大正一一）年の二月、内務省は「東京都制案」をまとめた（未定稿）。内容は、「①従来の東京市の区域を以て都とする。②都長を公選とする。③都会の権限を概括例示とする。④区の自治権を拡張する。」など「従来政府がとってきた長は官選にする立場はとらず、都長は公選にする案で、当時の大都市の要望をほぼ全面的に認めた画期的な案であった」(5)という。

しかし、政府内部で都長公選にたいする巻き返しがあり、一九二三（大正一二）年七月、政府は東京市の制度の検討のため、内務大臣を会長とする臨時大都市制度調査会(6)を設置した。翌年の答申の内容は、つぎの一二項目であった(7)。

一、都ハ大体都市計画ノ区域ニ依ル
二、東京府ヲ存置セス東京都ヲ独立セシム
三、東京府ノ残部ハ一県トス
四、都県（庁）ノ間区分シ難キ事業ニ就キテハ都県（庁）ノ組合ヲ置ク
五、都長ハ官吏トス（警察権ノ一部ヲ都長ニ与フ）
六、都会ノ権限ハ概括例示

七、都参事会ハ存置ス
八、市街地ト其他ノ地トノ経済ヲ分割セス
九、都ハ直接内務大臣監督ス
十、区ノ自治権ハ拡張シ区税区債ヲモ認ム
十一、区長ハ区会選任内務大臣ノ認可トス
十二、区会ノ権限ハ概括例示トス

これらは、内務省の見解がかなり具体化されており、今後の大都市制度の問題をめぐるひとつの基底となったものといえる。しかし、大正期には特別市制に関する問題について、大正デモクラシーの昂揚とともに政治的関心が集まったが、結局、課題はすべて昭和年代に持越しとなった。

（1）佐藤、前掲論文、三四―三五頁。
（2）西尾勝は特別市制度の構想について、次のように適切な指摘を行っている。
「当時の六大都市は、市営の電気・ガスの供給事業（今日ではガス会社や電力会社が供給しているが、当時は自治体が直営で行い始めていた）を初めとして、市街電車事業も始めていた。大阪などでは地下鉄事業にもすでに着手していた。したがって、これらの大都市の市役所の市長、職員たちは、府県庁の知事とか職員などにひけをとらないほどの十分な行政能力をもっていると自負するようになっていた。しかも電気・ガス事業の経営は当時は大変な黒字で、これが大都市のドル箱にもなっていたので、財政力にもそれなりの自信を持っていた。こうした行政能力のある大都市の市役所に対し、国の各省と府県の双方から二重の監督を受けるのは全く無用な重複であると主張した。しかし、戦前の地方行政制度のもとでは、このような特別市制度の構想は内務省にとっても、関係の府県にとってもとうてい認めることのできない構想であった。なぜなら、当時の府県は、戦後の都道府県のような完全自治体ではなく、国の各省の地方総合出先機関のような存在であった。府県知事も内務官僚が任命されてくる官選知事であった。しかも官選の府知事のもとに警察部長というポストがあって、この警察部長が国家警察の業務を統括していた時代であった。したがって、市と府県の争いは自治団体と官治団体の争い、自治の原理と官治の原理との争いだったということもできる。こうした状態のもとで、もし、市が府県から完全に独立することになれば警察業務は一体どうなるのだろうか、ということが最大の問題であった。大都市の警察業務は市の所管する自治体警察となってしまうのだろうか。このことを一つ取ってみても、特別市制度構想がいかに当時の地方制度の根幹を揺るがすような性質のものであったかを理解していただけると思う。」（西尾、前掲論文、二二七—二二八頁。）

（3）佐藤、前掲論文、三七頁。

（4）大都市制度史編さん委員会編、前掲書、一四六頁。

（5）大都市制度史編さん委員会編、同書、一四九頁。

（6）臨時制度調査会は、会長が内務大臣、委員は、法制局長官、内務次官、警保局長、地方局長、都市計画局長、土木局長、大蔵次官、貴族院議員七名、衆議院議員六名、外に臨時委員として警視総監、東京府知事、東京市長、東京府議会議員四名、東京市議会議員四名という構成であった。政府関係者が圧倒的であり、東京市側は少数で、とても大都市側の意見が通おるような構成ではなかった（大都市制度史編さん委員会編、同書、一五三頁。）。

（7）東京市役所『特別市制問題ノ沿革』（一九三三（昭和八）年）一四―一五頁。

第四節　一九四三年東京都制の成立　軍国主義下の都制

昭和にはいっても、特別市制をめぐる運動が展開された。政府当局も調査審議機関を設けて対応した。一九二七（昭和二）年、政友会の田中義一内閣は、総理大臣を会長とする行政制度審議会を設置し、「要項」を決定したが、必ずしも自治権の拡大を目的としたものではなかった。六大都市側はこれに反撥し、一九二九（昭和四）年、「六大都市ニ関スル法律案」を作成し議会に提出したが、貴族院で否決された。

ついで登場した民政党の浜口雄幸内閣は、一九二九（昭和四）年一一月、内務大臣を会長とする「大都市制度調査会」を設置した。六大都市市長は連名で「大都市制度調査会ニ於ケル意見書」を一九三〇（昭和五）年九月に提出した。しかし、調査会の総会では意見がまとまらず、ついに審議未了となり、その結果大都市制度調査会は立ち消えとなってしまったのである（1）。

ところで、これよりさき一九二九（昭和四）年五月、東京市会は「特別市制に関する調査委員設置の建議」を可決し、翌年一月には、「都制に関する実行委員」を任命した。一九二九（昭和四）年一二月の東京市会の特別市制に関する要綱には、①地域は現在のままにすること、②市長は公選とすること、③財政を独立すること、④交通、衛生、消防、建築等の警察権を獲得すること、の四原則が明記されていた(2)。

「しかし、明治以来の集権的官治行政の中核となっている府県制に対して、新たに特別市制という制度をうちだそうとする東京市の特別市制促進運動の実現は、必ずしも前途楽観を許す状況ではなかった。その原因には、大都市制度調査会の総会において審議が進捗しないことを理由として、政府側が積極的な態度をとろうとしなかったことが契機となって、ついに、調査会での審議が未了に終わったことが強く影響していた。六大都市側の白書というべき、事実をふまえた対策と代案は、ついに日の目を見る機会を失ってしまったのである。そこで東京市は、態度を一変して隣接町村の合併による市域拡張を断行し、都制の実施による特別市制の具体化へと大きく踏切ろうとした。あきらかにこの対策は、従来からの特別市制運動方針を『一変』した意味で、方針転換であるといわなければならない。しかしこの段階で、『大東京』実現をめざす大合併方針を採択することは、特別市制実現運動一般のみならず東京市のありかたにも重要な影響を与えることになったことはたしかであった(3)。

こうして、一九三二（昭和七）年一〇月一日、東京市は隣接五郡七二町村との大合併を実現し、ここに「大東京市」〈図2〉が成立したのであった(4)。「新東京市は、その行政圏域が既成の社会的経済的生活圏域と一致するという条件を充足した。したがって、区域と機能のアンバランスを止揚すべき形式的条件を与えられたのであった。市域拡張がいわゆる『大東京』の成立→大都市行政の合理化の契機を形作ったことについては、当時の識者がほぼ一致して認めていた」(5)。

そして、「東京都制案」については、一九三二（昭和七）年にいちはやく東京市政調査会が発表し、昭和一〇（一九三五）には、牛塚東京市長案も作成された。

これらは、ともに都長公選論の立場によるものであった。また、東京市会は新市域拡張後の一九三三（昭和八）年一月に内閣総理大臣及び内務大臣に対して「東京都制ニ関スル意見書」を提出し、「東京都制案」の本会議上程を要望した。これに対応するかのように、六大都市側も特別市制ならびに東京都制の実施促進の共同歩調をとった。しかし、「政府は、特別市制に関しては具体的立案をえる段階にまで到達していないこと、また特別市制の実施は、これにさきだつ東京都制の実施をみたうえで他の五大都市に適用する方針であることを明らかにした。ここで、特別市制運動の一環としての東京都制が、歴史的な意義をもって戦われてきた特別市制運動の焦点にすえられることとなった」(6)のである。

六大都市の特別市制運動への政府の回答が、第六四議会の末期（昭和八年三月）に本会議に上程された政府提案の「東京都制案要項」で、一九四三（昭和一八）年東京都制の原型とみられている。これはかなり官治主義的な案であったため、東京市政調査会やジャーナリズムから批判が続出した。この案は、会期内には成立せず審議未了となった。

一九三七（昭和一二）年、蘆溝橋で日本軍と中国軍が衝突した事件をきっかけに、わが国は日中全面戦争へ突入し、以後ひたすら戦争の道を突き進んでいった。一九三八（昭和一三）年、内務省は「東京都制案要綱」を発表し、地方制度調査会に審議を委ねた。調査会第一特別委員会は、多少の修正を加えたすえ、ほぼ内務省の原案通り承認した。本要綱は都制に関する内務省の決定版になっただけでなく、一九四三（昭和一八）年東京都制の雛型となった。本要綱は、①東京府─東京市─自治区という三層制を廃止して、東京都─区・市町村という二層制に再編する（都の区域は東京市ではなく東京府の区域とする）点と、②東京都においては、都長官（官吏）─都次長─都参与（審議機関）─理事・委員─区長（吏員）と言うタテ系列の行政執行権を強化する一方、③都議会・区議会を設置するものの、その権限を限定する（都議会は「議決事項ハ重要事件ノ範囲ニ止」る、区議会は、「財産及ビ営造物ニ関スル事務」のみ）のがポイントである。公選市議会と間接公選市長をもっていた東京市の自治権は、かなりの程度否定されるにいたった。したがって東京市の関連諸勢力からの批判が噴出し、この時点での法制化は困難であったとされていた[7]。

一九四〇（昭和一五）年、内務省が町内会を制度化し（「部落会町内会等整備要領」内務省訓令第一七号）、国→東京府→東京市→区→町内会・隣組という戦争遂行のための国家行政の組織化が行われた。そして一九四一（昭和一六）年一二月八日、わが国は太平洋戦争に突入し、空襲警報が発令されしだいに戦火のせまりくる状況になった首都東京に、一九四三（昭和一八）年七月一日、東京都制[8]が成立したのであった。これにより東京市と東京府は廃止となり、従来の東京府の区域に東京府と東京市を合体させた新しい団体である東京都が誕生した。これが今日の東京都の起源である。

では東京都制の基本目標は何であったかについて、当時の内務省地方局長古井喜美は次の三点をあげている。第一は、「帝都たる東京に真の国家的性格に適応する体制を整備確立すること」、第二は、「帝都に於ける従来の府市併存の弊を是正解消し、帝都一般行政の、一元的にして強力なる遂行を期すること」、第三は、「帝都行政の根本的刷新と高度の能率化とを図ること」であった(9)。しかし、「東京都制の新設は、結局他の大都市と共に大正半ば以降運動してきた二重監督の排除による自治権強化をめざした都制案や特別市制案を、本土決戦を理由に全く逆の官治的体制に変えて実現させたもので、以後他の五大都市は裏切られたとして東京都とはたもとを分かったといわれる」(10)。

つぎに、東京都制の特徴についてふれておきたい。第一に、都の区域は従来の東京府の区域であることから、区の置かれた区域では都が市町村の性格をもち、区のない区域では都が府県の性格をもつことになった。都の府県→市町村の側面と市に相当する側面とが両方都制のなかで併存するという特殊な制度が、現行の都区制度の原型となった。第二に、都は自治体としての側面と国の官庁としての側面の両面がある。東京都長官は、国の行政官庁であると同時に自治体である都の理事機関である。このため、都長は官選とされた。第三に、議会は都議会という呼び方となり、公選の議員(定数百名)から構成されたが、その権限は東京市議会よりも縮小されたものとなった。すなわち、都長の権限が拡大し、議会の権限が縮小されたのである。

また、区はどのような状況に置かれたかというと、軍国主義体制の下、区の自治権は次第に失われていった。まず都制施行以前の区の状況についてであるが(11)、東京市三五区の区長は、区の固有機関であるとともに市の機関でもあり、また、国及び東京府の機関でもあった。しかも、区には法人区・自治区固有の事務はほとんどなく、区の機能は、国・東京府・東京市の委任による国・東京府・東京市の機関としての側面が重要であった。また区長は、東京市の吏員であり、区に対してではなく市に対して責任をもつ存在であった。そして、内務大臣→東京府→東京市→区という委任統制下に位置していた。区の機関委任事務の費用は、東京市が負担することになっていたため、市の予算の中に計上されていた。ところが、一九四〇（昭和一五）年の地方税制の改正により、区に属する市税が廃止され、また翌一九四一（昭和一六）年には、国民学校令の制定により、小学校令が廃されて小学校の学区[12]が廃止された。これと同時に「東京市区財政交付金規程」（昭和一六年）並びに「東京市区財政交付金規程施行細則」が告示された。これによって、区の予算における市の財政交付金が約七割を占めるにいたった。したがって、区の市による財政のコントロールは既にこの時点で最終的なシステムを整えた[13]と言える。

都制の施行により、区の自治権はさらに縮小した。区は法人格をもつ点では従来どおりであったが、その権限は、①財産及び営造物に関する事務、②都条例によって区に属する事務に限られた。①は実質的にほとんどなくなっていたので、区の仕事は結局の所、②になってしまった。この点は一般市町村との決定的な違いである。一般市町村は公共事務一般について権限を有し、法令に定められた委任事務を処理できたが、区はそれができないばかりか、条例制定権、課税権、起債の権限もなかった。このことについて、赤木須留喜は次のような指摘を行っている。

「従来からの市制六条の『法令ニ依リ区ニ属スル事務』という規定が、『都条例ノ定ムル所ニ依リ区ニ属スル事務』に置換えられた点は、きわめて重要な意味をもつとおもう。第一に、都の区に対する絶対的優越性を確定したこと、第二に、第一点との関連において、都→区という都行政の統一性を確保し、しかも第三に、委譲事務に要する財源については、東京都が、都の問題として対処する義務を負い、その結果、前にあげた三点と関連して、第四に、都レベルからの財政交付金制度の比重、その役割を決定化したこと、である。この点で官選都長型都制のもつ力は区に対して圧倒的な偉力をもつといわねばならない。従来の態勢では、法令によって区に委任した事務に要する費用を誰が負担すべきかの問題、あるいは、どのような事務を区に負担させるべきか――都と区の事務配分の問題については、『微妙』にして『困難』な問題があったといわれている。だが、それらの問題は、新しく都制の成立にともなって、一方的に都の条例事項に留保された形で解決されてしまったといえよう」(14)。

また、従来からあった区会は認められたが、区会の権限はかなり限定されたものになった。区会の定数も従来の約半数にまで減らされた。一方区長は、三重の役割を兼ねていた。第一は、自治体である区の理事機関は、第二は、自治体である都の第一線機関、第三に、都長官の下における国の行政機関である。区長には、東京都書記官―官吏をあて、区には、官吏のほか区所属の吏員を配した。区への監督は第一次的に都長官、第二次的に内務大臣が行った(15)。

以上のように、軍国主義日本の下で誕生した東京都制は、地方自治の思想とは全く相容れない国家主義的イデオロギーを全面に打ち出したきわめて官治・集権的な制度であった。そして、明治の自由民権運動、大正デモクラシー状況での自治の拡大運動の成果を完全に押し潰すものであった。特に東京都制の成立の大きな目的は、東京市を潰すことにあり、これによって、六大都市の特別市制運動は分断され、特別市制は日の目を見ることはなかった。また東京府のなかで行財政のウェイトが圧倒的に高かった東京市を、本来府県機能を有すべき東京都がそのままダイレクトに抱えこんだことは、東京都の体質に極めて特殊な要因を形成することになった。今日でもよく言われる、都庁=東京市役所の発想というべき体質である。この東京都制は、歴史的に今日の都区制度の原型となったと同時に、東京都庁及び特別区の体質や意識を規定する根本的な要因となったのである。都制度は、当然のことながら大都市制度としても不十分であり、わが国の地方自治制度の失敗を象徴している制度であるといっても過言ではない。その理由については、戦後の都区制度の歴史をみることによってより明確になると考える。

(1)　赤木、前掲書、二五〇頁。
(2)　赤木、同書、二五〇頁。
(3)　赤木、同書、二五一頁。
(4)　東京市は、人口では約五〇〇万人に達してニューヨーク市についで世界第二位、面積では五五〇平方キロメートルを占めて世界第五位となった。東京府と比較すれば、東京市は、人口では九三%強、面積では四四%、負担する府税額は東京府税総額の九六%を占めることとなった（赤木、同書、一二五二頁。）。

(5) 赤木、同書、一二五三頁。

(6) 赤木、同書、一二五五頁。

(7) 小早川光郎他編『資料日本の地方自治第二巻』（学陽書房、一九九九年）、一四—一五頁。

(8) 東京都制は、東京都制（一九四三（昭和一八）年五月三一日、法律第八九号）と東京都官制（一九四三（昭和一八）年六月一八日、勅令第五〇四号）により成立した。

(9) 古井喜美「東京都制について（一）」『国家学会雑誌』第五七巻第九号、二一頁。なお、引用にあたり旧漢字は新漢字に改めた。

(10) 佐藤、前掲論文、四四頁。

(11) 以下の記述は、赤木、前掲書、七三三—七五四頁を参照した。

(12) 学区は、「地方学事通則」（一九一四（大正三）年三月二八日、法律第一三号）に基づき区の区域に設けられ、その学区内の小学校の設置及び管理を区は市から委任されていた。小学校費は区の歳出予算に大きなウェイトを占めていた。この点について、磯村英一は、一九三五（昭和一〇）年の当初予算からつぎのように東京市の区の特徴を述べている。「歳入歳出予算とも殆ど学区に関するものにして、特に小学校費、幼稚園費、実業学校費が総歳出の約八割を占むる事実は自治区の存在価値を疑はしむるものと言ひ得べく（東京市に於いては教員俸給、諸給与、恩給基金等人件費は市の負担するを以て本表には現れず）唯僅かに区公会堂の経営がそれの存在を知らしめるに過ぎない現状である」（磯村英一『区の研究』（一九三六（昭和一一）年、市政人社）一三三頁）。なお、引用にあたり旧漢字は新漢字に改めた。

(13) 区の市に対する財政依存のシステムは、東京市が廃止され東京都になったあとも存続し、現在も都区財政調整制度として存続している。制度自体はもちろん変化しているが、特別区の東京都に対する財政依存本質と、都区財政調整制度による東京都の特別区に対するコントロールの本質は何も変化していない。

(14) 赤木、前掲書、七六六頁。

(15) 赤木、同書、七六八頁。佐藤、前掲論文、四四—四五頁。

図1

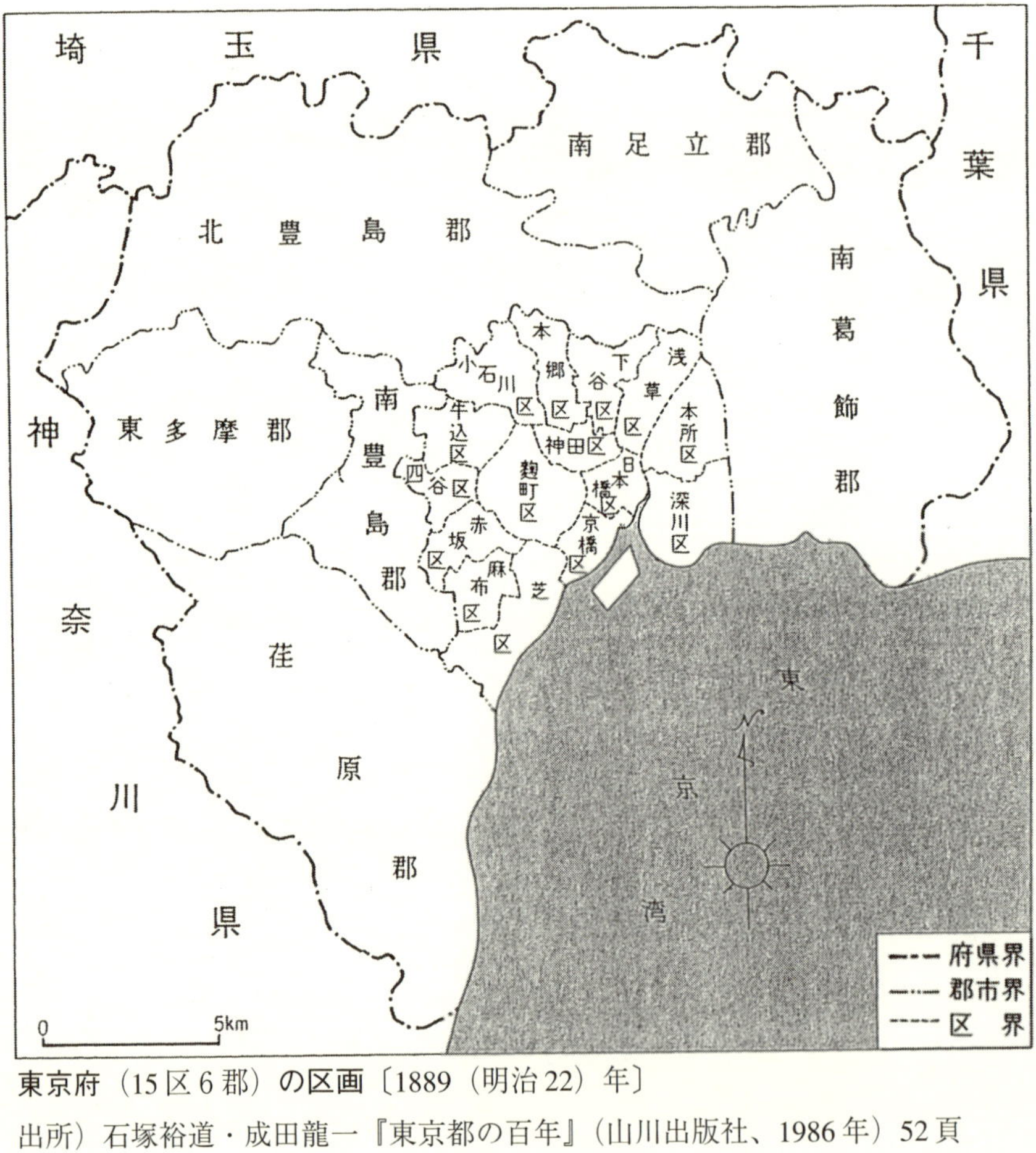

東京府（15区6郡）の区画〔1889（明治22）年〕

出所）石塚裕道・成田龍一『東京都の百年』（山川出版社、1986年）52頁

図 2

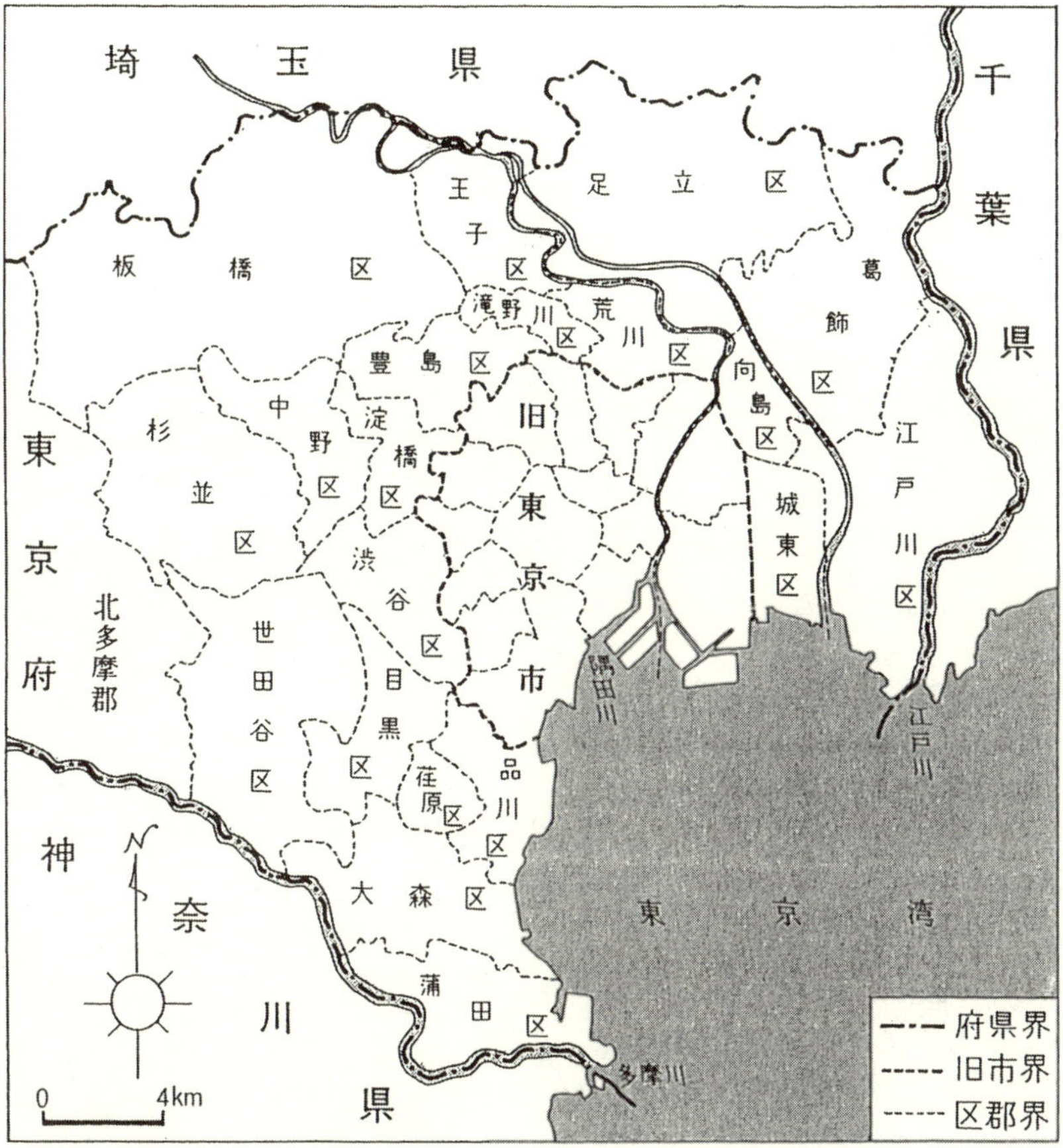

大東京区域図〔1932（昭和 7 年）〕

出所）石塚裕道・成田龍一『東京都の百年』（山川出版社、1986 年）225 頁

第二章　戦後都区制度の歴史沿革　区長公選復活への道のり

本章においては、戦後の都区制度の歴史を、占領軍の民主化政策による特別区自治権拡充、逆コースによる区長公選廃止と東京都の「東京市役所」的体質の復活、都市問題の激化に対する対応策の行き詰りによる、都の特別区に対する事務移管、区長選任制の制度欠陥の露呈と自治権拡充運動による区長公選の復活と特別区の自治権拡大、という局面において考察する。そして戦後の都区制度が、戦前の都制の問題点を受け継いでいることを明らかにするとともに、地方自治制度として失敗の歴史であったことを明らかにしたい。

第一節　戦後民主化と特別区自治権拡充

一九四五（昭和二〇）年八月一五日の敗戦により、日本の軍国主義体制は崩壊し、占領軍の指導により、わが国の地方自治も民主化の道を歩むこととなった。戦後の地方制度改革の第一歩として、一九四六（昭和二一）年九月二七日、「東京都制、府県制、市制、町村制等の一部を改正する法律」が公布（同年一〇月五日施行）された。これは、戦後の第一次地方制度改革で、翌年の日本国憲法、地方自治法の施行を先取りするものであった。

この第一次地方制度改革における都制の大きな改正（1）に伴い、区も民主主義の理念に基づき自治権を大幅に拡大した。区長は公選となり、区条例・規則制定権を持つようになり、区会の権限に区条例の制定及び改廃が加えられた。さらに、財産権として区税及び分担金の賦課徴収権をもつこととなり、区債の発行も認められた。かくして区は、ようやく独立した自治体としての道を歩み始めたのであった。

従来の三五区は、戦争による人口の減少などにより、人口バランスが大きく変化してしまっていた。そこで三五区の再編成が緊急の行政課題となった。再編成の考え方は、区全体の将来人口を四〇〇万人と想定し、各区を面積一〇平方キロメートル、人口二〇万人程度とし、統合区の区域は現状の境界域とするものであった。そして、一九四七（昭和二二）年三月一五日、東京三五区は二二区（2）として再出発することとなった。その後、同年八月一日に練馬区が板橋区から分離独立し、現在の二三区となった。

第二次の地方制度改正の方向を検討した地方制度調査会は、従来の市町村制、道府県制、東京都制などの地方自治体に関する法律を一本化することを求めた。これに応えて、日本国憲法の施行に合わせるべく一九四七（昭和二二）年三月に提出されたのが、地方自治法案（3）である。地方自治法は同年四月一六日に公布され、日本国憲法と同時に施行された。地方自治法により、東京都は都道府県として「普通地方公共団体」に位置付けられたが、東京都の区だけは特別区として他五大都市を予定した特別市制と共に「特別地方公共団体」とされた。

このことについて佐藤竺は、「最初の地方自治法のなかに規定された特別区の制度は、建前は東京都以外にも適用できる一般的制度であるが、この時点では東京都の従来の区だけが対象となり、他の五大都市の区は地方自治法上の自治体ではなくなり、区会も持てなくなった。一方、特別区は、原則として市に関する規定が適用され、『市と類似の性格を有する独立の地方公共団体』とされ、区議会を持ち、区長も公選、国会での説明でも『憲法上の地方公共団体』であった」と述べている(4)。

しかし、地方自治法第二百八十二条で、「都は条例で特別区について必要な規定を設けることができる」と規定されていたため「したがって都制時代からの伝統が法制上に権限として残存することとなった。ここに法的には区でもって処理しうる事務も、やはり法的に処理しえないという法制上の矛盾が生まれることとなった」のである(5)。

例えば、特別区全域を一つの市とみなし、警察、消防、都市計画、水道、伝染病予防等の事務は、東京都が「大都市一体性」の名の下に総合的に処理していた。また、特別区の賦課できる特別区税は都の条例によるものとされ、独自の課税権はなかった。特別区間の行政サービスの均衡化を図るため、配付税方式による都区財政調整制度(6)がスタートした。これが現行の都区財政調整制度のはじまりとなった。さらに、人事の面においても、特別区の固有職員はごく一部で、原則として都の吏員が配属された。区長の命を受けて事務には従事するが、身分は都に留保されていたので、区長の人事権は制約されていた。このような建前のうえでは市に準ずるといっても、実態はかなり制限されていた。

こうしたことから、地方自治法が施行された一九四七（昭和二二）年五月には、二二区の区長協議会（当時はまだ二二区）から都知事に対して、「人事、財政権の確立と事務の移譲」についての具申書が提出され、特別区の自治権拡充運動が開始された。そして、一九四九（昭和二四）年八月のシャウプ勧告を契機として、特別区の自治権拡充運動は再び激しくなった。区長協議会は、シャウプ勧告が強調した地方自治強化や市町村優先主義の具体化を、強く都や国へ要望した。同年一〇月には大田区役所に大田市制施行本部が設けられ、大田区独立運動が起こった。「この紛争が単に権限をめぐる紛争ではなく、自治か集権かという価値の対立に根差していることはいうまでもない。それゆえにこそ、行政サービスの低下もさることながら、この紛争の高まりは都区間の二重構造の改革を政府に焦眉の政治課題と認識させせざるをえなかった」(7)。

一九五〇（昭和二五）年三月には、都区間の紛争を処理する機関として、都区関係者及び中立委員（いわゆる学識経験者）で構成される都区調整協議会が発足することとなった。ここで特別区の事務事業の範囲とそのための範囲が協議されることとなった。そして、同年一〇月には中立委員の裁定により、小公園（七三箇所）、児童遊園（二箇所）、図書館（一三箇所）が都から特別区に移管された。また、土木事業や民生事業の一部で住民の日常生活に密接なものを、特別区の事務とすることに決定した。特別区の財源としては、特別区民税など七税目をあて、また特別区間の財政の不均衡の調整を図るため、従来の配付税方式に変えて、納付金方式(8)による都区財政調整制度を行うこととなった。

一九四九(昭和二四)年一二月、シャウプ勧告に基づく行政事務再配分の調査研究を目的として、地方行政調査委員会議が設置された。一九五一(昭和二六)年九月の「行政事務再配分に関する第二次勧告(いわゆる神戸勧告)」は、「東京都に関する特例」として「都は、市町村及び特別区を包括する地方公共団体であるが、特別区の存する区域においては、一つの大都市としての性格を併せ有していることを考慮し、特別区が原則として市と同一の機能を有するものとしている現行区の建前を廃止して、(略)、都と特別区の間の責任を明確に区分すべきである」とし、また、「特別区の組織及び運営は、原則として市に準ずるものとするが、特別区の存する区域における大都市行政の能率的な運営を図るため、次のような特例を考慮すべきである」とし、その中で、「特別区の収入は、使用料、手数料及び都が徴収する住民税のうちから法律の定めるところにより特別区に還付する還付税とし、特別区相互間の財政上の不均衡は、法律の定める基準に従い、都がその財源をもって調整すること」、「都は特別区の事務処理について、特別区相互間の著しい不均衡を調整し、その最低水準を確保するために、必要な措置を採ることができるものとすること」という勧告(9)を行った。

この勧告は、東京都と特別区との「大都市一体性」に基づく都区間の行財政制度を確立し、行政の簡素化・能率化を図るように求めたものであったが、特別区の自治権に対してはきびしい内容であった。特に、採用はされなかったが還付税方式、また都の特別区に対する調整権の正当化は、勧告の意図を超えて、その後の特別区長公選廃止に繋がる特別区の自治権を制約する制度改正に、政府や都によって利用されたことは、紛れもない事実である。

以上のように、戦後の民主化政策によって特別区は自治体として自立したが、戦前の都制の体質を引き継いでいる東京都によって、実態としては自治権を制約されていた。そして時代の流れは、特別区の自治にとって次第にきびしい状況になってきたのである。

（1）東京都制の改正は、「第一に、住民については、①日本国民たる都住民（都民と称す）に選挙に参与する権利を付与、特に婦人参政権が保障され、また満二〇歳以上に選挙権を引き下げ（従来は満二五歳以上）、六カ月以来居住（従来は二年来住所）の要件が付されたが、復員・引揚・疎開から帰ったばかりなどを考慮して都参事会の議決を経てその要件を満たさない者にも選挙権付与の便法を講じ、②年齢二五年以上で二年来住所を有する男子だけに選挙権・被選挙権を付与した公民は民主主義の原理と相容れないとして廃止、③同じ理由で公民が就任の義務を負っていた名誉職も廃止、④条例・規則制定、事務監査、都議会解散、都長官・監査委員・都議会議員・都議会議員選挙管理委員の退官・解職の請求権が付与され、⑤都長官の選挙権・被選挙権を有するなど改正があった。第二に、都議会については、①定数を一二〇に増員し、②都条例で都議会の議決事件が定められるようになり、③都事務に関する書類・計算書の検閲、都長官の報告請求による事務の管理・議決の執行・出納の検査ができるようになり、監査委員に事務監査と結果報告もできるようになり、④都長官不信任の議決、再議決が新設され、⑤定例会は年六回以上とし、⑥歳入出予算増額議決禁止の削除、⑦議会の書記の任免権は市長から議長へ移されるなどの改正があった。第三に、選挙の公正を期するための選挙管理委員会と監査の公正を期するための監査委員を新設、第四に、執行機関は都長官が任期四年の公選となった」（佐藤、前掲論文、四五―四六頁。）というように、かなり民主化されたものになった。

（2）新たな二二区は、千代田区（旧麹町・神田区）、中央区（旧日本橋・京橋区）、港区（旧芝・麻布・赤坂区）、新宿区（旧四谷・牛込・淀橋区）、文京区（旧小石川・本郷区）、台東区（旧下谷・浅草区）、墨田区（旧本所・向島区）、江東区（旧深川・城東区）、品川区（旧品川・荏原区）、大田区（旧大森区・蒲田区）、北区（旧滝野川・王子区）の新たに生まれた一一区と、目黒区、世田谷区、渋谷区、中野区、杉並区、豊島区、荒川区、板橋区、足立区、葛飾区、江戸川区の従来の一一区である。

（3）提案理由説明の中の「本法案制定の基本方針」で「第一に、地方公共團体の自主制（ママ）及び自律性の強化であります。すなわち新たに特別市制の制度を設けまして、いわゆる二重監督の弊を芟除し、大都市の自主的かつ積極的な活動を助長促進することといたしますとともに、東京都の區に對しては、原則として市と同様の機能をみとめることといたします等、第一次改正の精神をさらに擴充強化し、地方公共團体の自主性の原則をさらに貫徹することに努めたのであります。また許可その他の個別的監督事項を極力整理いたしますとともに、地方公共團体の事務自体に對する一般監督の制度は、極力これを制限し、國家として眞にやむを得ない必要最小限の統制を行うに止めることといたす等、地方公共團体の自律をさらに徹底するに努めたのであります」（小早川他編、前掲書、二二六頁。）と述べているように地方自治体の自主性をある程度尊重したものになった。

（4）佐藤、前掲論文、四七頁。

（5）新藤宗幸「特別区制度と大都市行政」『都市問題』第六五巻第一一号、四〇頁。

（6）東京都配付税条例により行われ、まず財源として、営業税、法人都民税、大都市配付税の都税三税をあてる。毎年度配付税となるべき額及び毎年度分として分与すべき配付税の額は、前前年度において徴収した特別区の区域における営業税の百分の五〇、法人に対する都民税の百分の四〇、及び前前年度における大都市配付税の合算額とする（条例第二条）とし、特別区の課税力、財政需要、その他特殊事情により、配分される制度であった。なお制度の詳細については、『都区財政調整制度のあらまし』（特別区協議会、一九八三年）八一―八四頁参照。

（7）新藤、前掲論文、四〇―四一頁。

（8）都区財政調整条例により、都は財政需要額が財政収入額を超える特別区に対して、超過額を補てんするために必要な額を特別区財政調整交付金として交付しなければならず、この財源として、財政収入額が財政需要額を超える特別区は、その超過額を特別区財政調整交付金として都に納付しなければならないと規定した（条例第一、二、三条）。この制度の目的は、税制改正により区税の収入が大幅に見込まれることを背景に財源の不均衡を是正し、行政需要に見合った財政措置を講ずるように意図したものであったが、交付金の財源を納付金とするという財源保障が不完全なものであり、またその算定も都の一方的な判断に委ねられていた。また納付金それ自体が納付区の自主性を侵害するものであり、特別区の自治権拡充とは必ずしも相容れない制度であった。以上については、前掲、『都区財政調整制度のあらまし』、八五―八六頁を参照した。

（9）小早川他編、前掲書、三八五頁及び三八九頁。

第二節　区長公選の廃止と「東京市役所」の復活

「日本国民が待望していた講和条約は、一九五一年九月八日にサンフランシスコで調印され、翌五二年四月二八日に発効した。六年余に及ぶ占領は終結し、日本は主権と独立を回復したのである。講和後の約一〇年の時期を特徴づけるのは、一言でいえば占領への反動である。占領の拘束から脱して独立を回復し、占領下では時には日本政府の意に反して『民主化』と『国際化』（アメリカ化）が進められたことに対する反動が生じたとしても不思議ではない。講和後の一〇年余は『民主化』よりは『能率化』、『国際化』よりは『日本化』が国内政策の基調となった。当時の言葉でいえば、占領期の改革に対する『逆コース』の時代だったのである」(1)。

一九五二（昭和二七）年四月、講和条約の発効を待ちかねるように地方自治法改正案が国会に提出された。この中で、大都市行政の簡素化・能率化を理由(2)に、東京都の特別区の区長公選制を廃止して任命制にしたことは、戦後の民主化政策によって実現した区長公選制からみれば、明らかに民主主義の後退であり、大きな論議を呼んだ。

この改正には、安井都知事の意向が強く働いたと言われている(3)。改正の本当のねらいは、「大都市一体性」を保つという首都東京の特別区の特殊性を名目にして、特別区を東京都の内部構成団体とし、東京都のコントロール下に置くことであった。そのためには、区長の選任にあたって都の意思を反映させることが必要だと考えたのである。

これは、地方自治思想の原点である「自治・分権・共和」の思想など全くないばかりでなく、自治体の基本原理を否定するものであった。政府案では、「都知事が特別区の議会の同意を得てこれを選任する」となっていたものを、衆議院が「特別区の議会が都知事の同意を得てこれを選任する」に修正して、改正が実現した。これは特別区側が強い抵抗を示したためである。しかし、修正案とて何ら本質的に変わるところはなく、最終的には特別区側の反対を押し切って成立させたのであった。

こうした改正が実現したのは、「政府、都、都職労の三位一体的な利害共鳴盤の形成に負うところが大きかったといえよう。いわばそこでは政府のいう『大都市行政における能率の向上』が集権的行政体系を志向する都、職能的利害集団としての組織原理を先行させる都職労の利害を領導していったといえる。そしてまた新聞キャンペーンも混迷の度を増す現実から安易に支持へと動いた。だが他方で野党は反対の論拠を違憲論にのみ求め能率とデモクラシーとの関連にまで踏み込むことができなかったのである」(4)。こうしてこの改正以降区長選任制度は、後述するように一九七四(昭和四九)年の地方自治法の改正まで実に二一年にわたって存続することになった。

しかし、政治的妥協によって生まれた選任制度は、区議会に区長の選任権があるといっても法律や政令にほとんど具体的な規定がないなど制度的に不備があり、また区議会の政治状況によって区長の選任がなかなか決まらないなど、当初から運用面で決してスムーズにはいかなかった。

　また、区長選任制以外の今回の主な改正点は以下のとおりである。①特別区は都の内部的団体であるとされた。②従来、特別区は政令で定める以外は原則として市と同格であったのに対し、改正により特別区の存する区域においては、都が市と同格となり（5）、法定の特別区の事務（6）以外は都の事務となり、都が基礎的自治体となったのである。③従来、都は特別区の事務について必要な規定を設けることができるとしていたのを、特別区の事務について特別区相互の間の調整上必要な規定と改め、また都知事は、特別区に対して、都と特別区、特別区相互間の調整上、特別区の事務処理について、その処理基準を示す等必要な助言又は勧告をすることができることになった（地方自治法第二百八十二条）。④都区財政調整制度が明文化された（地方自治法施行令第二百十条の六、七）。

　このように、今回の改正は、事務権限の上からも特別区の自治権を制約し、都が「市としての権限」を増大させ、「都＝東京市役所」としての役割を完全に確立することになった（7）。ここにおいて都区制度は戦前の東京都制の失敗を再び継承することになったと言える。

（1）小早川他編、前掲書、三三五頁。なお、引用部分は、天川晃による執筆部分であるが、同じく次のような見解を述べている。
「ところで、『逆コース』は必ずしも講和締結・独立を待って始まったものではない。占領終結以前からその兆候は現れている。（略）五〇年代前半の地方制度改革の方向は既に神戸勧告や政令諮問委員会の答申で提示されているものが少なくない」（同書、三三五頁。）。

（2）昭和二七（一九五二）年五月一四日の参議院地方行政委員会で岡野清豪国務大臣は特別区制度の改正について、次のような提案理由の説明を行った。

「大都市における行政の簡素且つ能率的な処理を図るため、区の組織につき所要の改革を行うこととし、特別市の行政区及び都の特別区の区長公選制を廃止するとか都については更に特別区の性格、郡区の間における事務の配分、都区の関係の調整の方法等に改正を加え、大都市における行政の統一的且つ能率的な処理をできるだけ確保しようとしたのであります。即ち特別区の存する区域におきましては、現行制度上は都も特別区もともに市としての事務を分割して処理することとなっており、その間の調整がなかなか困難であり、多くの事務について勢い二重機構、二重行政的な取扱がなされているのでありますが、今回これを改め、特別区はその実体に即するように大都市の内部的部分団体としてその性格に変更を加え、都と特別区の一体的な関係を明確にすると共に特別区の区域内の都民に身近かな事務は原則として特別区が処理することとし、実質的には特別区の権能に属する事務を増加することといたしたのであります。而してこれらの事務の合理的、能率的処理を図るためには、都及び特別区間並びに特別区相互間の事務処理の一体化をできるだけ確保することが必要でありますが、同時に特別区の性格に鑑みこれらの要請とその自治権との間の講和を図る必要がありますので、区長公選制度を改めて、都知事が、特別区の議会の議員の選挙権を有する年齢満二十五年以上の者について、特別区の議会の同意を得て選任し得るものと改めた次第であります」（小早川他編、同書、四〇四―四〇五頁。）。

この提案理由は、公式的な改正理由をよく示している。

（3）当時自治官僚として地方自治法の改正に携わった一人である、元東京都知事の鈴木俊一は当時のことを次のように述べている。

「特別区の区長の公選制廃止は二七年改正の最大の事項であった。特別区長の公選制を廃止してくれということを強く言ってきたのは、安井誠一郎東京都知事であった。安井さん一人だけでなく、副知事や局長等も同様の意見だった。戦前は東京市長が、都政（ママ）になってからは都長官が、区長を任命した。その時代は特別区と市長・都長官は本当に気持ちを一つにして仕事をしていた。しかし、戦後の改正で区長が直接選挙になってからは、区長は都知事と対等というだけでなく、知事に対して非常に反抗的にさえなって、仕事がうまく進まないことが多かった。当時区長会の会長であった代田朝義大田区長は大変有名な方だが、そもそも態度が横柄で、安井さんの知事室に入り込んで、机に腰をおろし『おい、安井君』とよびかけて話したとか、笑い話みたいな話が伝わっている。これでは都も仕事ができないから、どうしても知事が区議会の同意を得て任命するという形にしてくれと言ってきた。昔は、特別区の区長は東京市長が議会の同意もなく任命できたものであったが、それをいきなり直接選挙にしたため、そのような事態が起こったのだろうと考えた。そこで、都知事の区長任命制を織り込んだ改正案をつくった」（鈴木俊一『回想・地方自治五十年』〔ぎょうせい、一九九七年〕六一頁。）。

ここには、区長公選が民主主義や地方自治にとって重要なことであるという認識は、全く見られない。

（4）新藤、前掲論文、四五頁。

（5）「第二項の規定により特別区に属するものを除く外、特別区の存する区域においては、法律又はこれに基く政令の規定により市が処理しなければならない事務は、都がこれを処理する」（地方自治法第二百八十一条第四項）。

（6）法定の特別区の事務（地方自治法第二百八十一条第二項第一号から第十号まで）は次のとおりである。

一　小学校、中学校、幼稚園及び各種学校の設置及び管理、並びに関連する教育事務の管理及び執行
二　主として当該特別区の住民の使用する公園、運動場、広場、緑地及び児童遊園の設置及び管理
三　主として当該特別区の住民の使用する図書館、公民館及び公会堂の設置及び管理並びに当該特別区の住民に対する社会教育
四　主として当該特別区の区域内の交通の様に供する道路の設置及び管理
五　街路樹及び道路の照明施設の設置及び管理並びに道路の清掃事業
六　公益質屋、共同作業場、診療所、公衆浴場及び公共便所の設置及び管理
七　小売り市場の設置及び管理
八　公共溝渠の管理
九　身分証明、印鑑証明及び登録等に関する事務
十　その他で都の処理していない公共事務、法令・都条例で特別区の事務とされたもの、法令で市の処理事務とされたもので都に属するもののうち区議会・学識経験者の意見を聞いて区に委任されるもの

（7）これに関して、佐藤竺の次のような論点は的確である。
「東京都が、再び東京都制の時期に戻って特別区の存する区域に市として機能するようになり、しかも都制実現の際府の官吏は大半内務省へ帰り、九八％が市の吏員で占められて府県としての認識がなかったこともあって、通常の府県ならば自治意識の強い府県庁所在都市以外の市町村にその補完機能を手厚く行うところを逆に中心部である特別区だけに力を入れた結果、そのころから人口急増に悩まされ始めた三多摩市町村の特別区との行政機能の格差が拡大する一方となり、それを是正するという新たな課題を発生させた」（佐藤、前掲論文、五二一―五二三頁。）。

第三節　都市問題の激化と特別区への事務移管

東京都は一九四九（昭和二四）年三月、「東京都復興五カ年計画」を策定したが、ドッジ・ラインによる財政引き締め政策によって結局挫折してしまった。一九五〇（昭和二五）年六月に勃発した朝鮮戦争による特需景気により、「東京都の工業水準は一九三七年の日華事変前の状態に回復した。丸の内を中心にビル建設のラッシュとなり、事務所面積の増大、市街地の立体化、地下化、中枢管理機能の集中がみられるようになった。（略）占領下の規制、財政上の制約から抜本的な対策がたてられないまま、人口集中がはじまり、東京の将来を見越したなんらかの基本計画が必要となっていたのである。敗戦直後の各種復興計画で東京都の将来人口は五〇〇万程度に想定されていたが、一九四八年に五四二万、四九年五九四万、五一年には六二六万と予想を超えて人口が急増し、戦前の最高水準七八四万（一九四二年）の突破も時間の問題とみられていた。そこで東京を首都として整備していくために、国の関心を喚起し、財政的措置を求めようとしたのが首都建設法」であったが、「法案は東京都に関する特別法であったため、憲法第九五条の規定によって住民投票にかけられることになり、六月四日の参院選挙と同時に投票が行われた。結果は投票率五五・一％、賛成率六〇・三％で、こうして首都建設法は一九五〇年六月二八日に公布、施行された」のであった(1)。しかし、この首都建設法は何ら実効性のないまま絵に描いた餅に終わってしまった。

一九五五（昭和三〇）年四月、三選を果たした安井誠一郎都知事(2)は、選挙公約として「グレーター東京と首都圏整備」を掲げていた。「当時のロンドンのグレーター・ロンドン・カウンシル（GLC）をモデルに、東京の問題を東京都という行政区域だけでなく、東京を中心とする首都圏という区域で広域的・構造的に政府の責任で解決していこうということで、そのために首都圏整備法を成立させようとした」(3)のである。この首都圏整備法は、一九五六（昭和三一）年四月二〇日に成立した。

「首都圏の範囲は東京駅を中心としておおむね一〇〇キロメートルの地域で、島部を除く東京、神奈川、千葉、埼玉の全域と群馬、栃木、茨城、山梨各県の一部と正式に決定された。また首都圏の地域形態を既成市街地、近郊地帯、周辺地域に三区分し、それぞれの整備方針を定めた。東京都にとって、同法は首都建設法とちがって政府の資金援助もあり、事業達成率も高くなった。しかし、財源は道路を中心とする投資的経費に投入され、首都圏整備計画にもとづく諸施策がバランスよく実現したわけではなかった」(4)。

一九五〇年代後半にはいると、東京への人口及び産業の集中化がより一層進み、東京の過大化による都市基盤整備の遅れ、都市の機能の行き詰まりにより、土地、住宅、公害、交通などの都市問題が深刻となった。東京都は、一九五六（昭和三一）年一月、附属機関として都制度調査会を設置し、首都の行財政を検討した。同調査会の答申に基づき一九六一（昭和三六）年四月に保育所、普通河川、都道の一部が都から特別区へ移管された。一九六二（昭和三七）年九月に「首都制度に関する答申」を提出し、大都市問題の解決のため、住民に身近な事務は特別区に移譲し、区長公選制を復活することなどの提言を行った。

一九五七（昭和三二）年一〇月の第四次地方制度調査会「地方制度の改革に関する答申」においてはいわゆる「道州制論」が答申された。これは現行の府県を廃止して全国を七ないし九ブロックに区分した地域に、「地方」という「地方公共団体としての性格と国家的性格とをあわせ有する」中間団体を置くという構想であった。また首都制度については別途考究するものとして、「地方」の設置に伴い、「現行特別区の存する区域については、基礎的地方公共団体を設ける等必要な調整を講ずること」とされた(5)。東京都の都制度調査会答申は、これを意識して特別区の区長公選制復活を提案したものであった。

一九六二（昭和三七）年には特別区制度の再検討を迫られた、特別区の区長選任の方法は違憲とする東京地裁の判決（野瀬判決）があった(6)。この判決に対する検察側の跳躍上告を受けて、最高裁は一九六三（昭和三八）年三月二七日、原判決を破棄差戻しした。

まず判決(7)では、憲法上の地方公共団体とされるための基本的要件について、「単に法律で地方公共団体として取り扱われているということだけでは足らず、事実上住民が経済的文化的に密接な共同生活を営み、共同体意識をもっているという社会的基盤が存在し、沿革的にみても、また現実の行政の上においても、相当程度の自主立法権、自主行政権、自主財政権等地方自治の基本的機能を附与された地域団体であることを必要とするものというべきである」としている。

そして東京都の特別区ついて検討すると、「区は、一八七八（明治一一）年郡区町村編成法施行以来地方公共団体としての長い歴史と伝統を有するものではあるが、未だ市町村のごとき完全な自治体としての地位を有していたことはなく、そうした機能を果たしたこともなかった。かつて地方自治制度の確立に伴い、区の法人格も認められたのであるが、依然として、区長は市長の任命にかかる市の有給吏員とされ、区は課税権、起債権、自治立法権を認められず、単にその財産及び営造物に関する事務その他法令により区に属する事務を処理し得るにとどまり、殊に、日華事変以後区の自治権は次第に圧縮され、一九四三（昭和一八）年七月施行の東京都制の下においては、全く都の下部機構たるに過ぎなかった」と判断している。

また、「戦後一九四六（昭和二一）年九月東京都制の一部改正により区は、従前の事務のほか法令の定めるところに従い区に属する事務を処理し（一四〇条）、区条例、区規則の制定権、区税および分担金の賦課徴収権が認められ（略）いわゆる区長公選制を採用することとなり、翌一九四七（昭和二二）年四月に制定された地方自治法においても、特別区は『特別地方公共団体』とし、原則として市に関する規定が適用されることとなった（二八三条、附則一七条）。しかし、これらの法律の建前が特別区の事務、事業の上にそのまま実現されたわけでなく、政治の実際面においては、区長の公選が実施された程度で、その他は都制下におけるとさしたる変化はなく、特別区は区域内の住民に対して直接行政を執行するとはいえ、その範囲および権限において、市の場合とは著しく趣きを異にするところが少なかった」とも述べている。

そして、かように特別区の「自治権に重大な制約が加えられているのは、東京都の戦後における急速な経済の発展、文化の興隆と、住民の日常生活が、特別区の範囲を超えて他の地域に及ぶもの多く、都心と郊外の昼夜の人口差は次第に甚しく、区の財源の偏在化も益々著しくなり、二三区の存する地域全体にわたり統一と均衡と計画性のある大都市行政を実現せんとする要請に基づくものであって、所詮、特別区が、東京都という市の性格をも併有した独立地方公共団体の一部を形成していることに基因するものというべきである」とし、「しかして、特別区の実体が右のごときものである以上、特別区は、その長の公選が法律によって認められたとはいえ、憲法制定当時においてもまた一九五二（昭和二七）年八月地方自治法改正当時においても、憲法九二条二項の地方公共団体と認めることはできない。従って、改正地方自治法が右公選制を廃止し、これに代えて、区長は特別区の議会の議員の選挙権を有する者で年齢二五年以上のものの中から特別区の議会が都知事の同意を得て選任するという方法を採用したからといって、それは立法政策の問題にほかならず、憲法九二条二項に違反するものということはできない」という結論を出した。

この最高裁判決に対しては、第一に区長公選の廃止を「立法政策の問題」としてしまったことは、最高裁のお得意の判断とは言え司法権の限界を示したものであること、第二に法律で市町村や都道府県の権限を制限すればそれは憲法九二条二項の地方公共団体ではなくなってしまうなら、法律による憲法規範の変更というおかしな事態になってしまうこと、第三に特別区も戦後一九四六（昭和二一）年から一九五二（昭和二七）年までは、区長公選制であったという、地方自治の基本原理にかかわる事実をあまりにも軽くみていることなど、批判的にならざるを得ない。しかし、この最高裁判決によって、かねてから争いのあった憲法上の重要問題である区長選任制については、憲法問題に関する限りでは、一応終止符がうたれてしまった。

ところで、一九六二（昭和三七）年一〇月一日、第八次地方制度調査会は「首都制度当面の改革に関する答申」を提出した。答申によれば、「都行政の行詰まりの状況を打開するには、都の事務を大幅に特別区に移譲し、都は、総合的な企画立案、大規模な建設事業、なかんずく首都にふさわしい公共施設の整備、特別区及び市町村の連絡調整等の重要な事務に専念することができるようにすることが必要である」としている。

特別区の性格に関しては、「制限自治区としての地位を認めるのが適当である」とし、区長の選任方法については「慎重に検討したが、それぞれ一長一短があるので、特別区への事務の大幅移譲その他今回の制度改正についての今後の運営状況をみたうえでさらに検討することが適当であるとの結論に達した」としている。また都から特別区への事務移譲に見合う財源の確保についても「市町村税のうち適当な税目を特別区税とするとともに、地方交付税の方式に準じて特別区に財源交付する」としている(8)。

答申の一部は一九六四（昭和三九）年七月の地方自治法の改正で実現した。この改正で都から特別区に移譲されることになった事務は五分野であった。第一に福祉で、生活保護、身体障害者、精神薄弱者、行路病人・死亡人の取扱い、老人福祉などに関する事務、福祉事務所の設置、第二に衛生で、保健所（設置は都）、優生保護保護相談所の設置及び管理、伝染病予防、トラホーム予防、寄生虫予防に関する事務、第三に清掃中道路清掃、公衆便所、公衆用ごみ容器の設置及び管理、第四に小規模な都市計画事業、土地区画整理事業、防災建築街区造成事業、第五に建設行政に関する事務であった。このほか、従来特別区が一部事務組合で行ってきた競馬が含まれていた。また、後に問題となることだが、清掃事業のうち特別区の事務とされた汚物の収集及び運搬に関する事務は、地方自治法附則で別に法律で定めるまで都の事務とされた。

しかし、区長公選は復活せず、一般市のもつ事務権限のうち、「大都市一体性」を理由に上下水道、消防、公営住宅などの権限は都に保留されたままであった。また都の配属職員制度、都の特別区事務への調整権も手をつけられなかった。税財政面では、特別区が課税することができる税目が法定された(9)こと、また、都区財政調整制度は、特別区財政平衡交付金制度が特別区財政調整交付金制度に改められ(10)、交付金の総額は、市町村税のうち都が課すものとされている一定の税目に係る税収の一定割合及び納付金の額とするいわゆる基本額制度が採用されたが、制度の本質に変化はなかった。このように、今回の改正はいわゆる「東京都身軽論」による中途半端なもので、都区制度の本質的なものは、全くと言っていいほど手をつけられずに終わってしまった。

（1）土岐、前掲書、五二頁。

（2）安井都知事に対する土岐寛の次のような評価は興味深い。「安井知事は能吏であり、都政に精通し、政治力もあった。しかし、都政を長期的・科学的に見通したビジョンや合理的な計画性に欠け、その政治力は、結果として、汚職や腐敗、組織選挙、外郭団体への天下り、乱脈経営、都庁一家意識など、非近代的・非合理的な『都政の七不思議』を生み、都政を利権の巣にした前近代的な密室の政治力だった。時代の制約は多かったが、官僚知事の限界を示したといえる」（土岐、同書、五七頁。）。

（3）土岐、同書、五六頁。

（4）土岐、同書、五六頁。なお、首都圏整備法について、蝋山政道は、「首都圏整備法は、次のような基本方針の下に制定せられたものである。すなわち、第一に首都及びこれと密接な関連を有する周辺地域を首都圏と称し、その範囲はおおむね都心から一定の距離にある地域を含むものとして、この区域にわたる広域計画を樹立してその発展を計画的に誘導する。第二に、首都の市街地の発展を一定限度に抑制してその整備を行うとともに、これに収容しえない人口及び産業を周辺地域に育成される衛星都市に誘導し、かつ市街地と周辺地域の間に緑地帯を設ける」（蝋山政道「中央と地方」有沢広巳他編『経済主体性講座　第六巻・歴史Ⅰ』中央公論社、一九六〇年、二二五頁）と述べている。

（5）第四次地方制度調査会「地方制度の改革に関する答申」一九五七（昭和三二）年一〇月一八日、小早川他編、前掲書、四八二―五〇〇頁参照。

（6）一九五七（昭和三二）年、Xらは渋谷区議会において行われた区長の選任に関し琴線の提供・収受をしたため贈収賄罪の被疑者として起訴されたが、一九六二（昭和三七）年二月二六日、東京地裁は、憲法九三条第二項は「地方公共団体の長、その議会の議員及び法律の定めるその他の吏員は、その地方公共団体の住民が、直接これを選挙する」と定めているが、特別区はここにいう地方公共団体にあたるから、区長を議会が都知事の同意を得て選任する地方自治法の規定は、憲法の右規定に違反するとし、したがって渋谷区議会の議員は区長を選任する職務権限を有しないため、Xらの行為は贈収賄罪にあたらないとして無罪を言い渡した（『判例時報』二九一号、八頁参照。）。

（7）判決文の引用はすべて『判例時報』一三三〇号、七―一〇頁による。なお、その他参考文献として、阿部泰隆「憲法上の地方公共団体の意義」『別冊ジュリスト一三一号憲法判例百選（第三版）』、大隅義和「特別区と憲法上の地方公共団体」『別冊ジュリスト一二五号地方自治判例百選（第二版）』を参照。

（8）第八次地方制度調査会「首都制度の改革に関する答申」（小早川光郎他編『資料日本の地方自治第三巻』（学陽書房、一九九九年）四五―四八頁参照。

（9）市税のうち、特別区の課税できないものは固定資産税、市町村民税法人分、都市計画税、入湯税、都が一緒に徴収するものはたばこ消費税であった。

（10）特別区平衡交付金制度は、一九五二（昭和二七）年の地方自治法の改正により都区財政調整制度の法令上の根拠が設けられた時に創設されたもので、都は地方財政平衡交付金法の規定に準じて算定した財政需要が財政収入額を超える特別区に対し、当該超過額を補てんするために必要かつ十分な額を、特別区財政平衡交付金として予算に計上しなければならないとされ、財政収入額が財政需要額を超える特別区は当該超過額を都に納付することとされた。しかし、実際には都の財政事情によって左右されたので、政治的に解決されざるを得ない欠陥があった。そこで今回の改正により、特別区財政調整交付金制度への移行が行われた。以上については、前掲、『都区財政調整制度のあらまし』、九六―九七頁を参照した。

第四節　区長準公選運動と区長公選復活

一九六四（昭和三九）年の地方自治法の改正内容程度では、大都市東京をめぐる都市問題に対応しきれなかったばかりか、区長公選を見送ったつけも大きくなるばかりであった。区長公選が廃止され、区長の選任権が区民の手から奪われ、区議会及び都知事の手へと移った結果、次のような制度の欠陥が現れてきた。

第一に、区長の関心が当然のことながら区民に対してよりも区議会と都知事に向きがちであることであった。特に選任される区長の圧倒的多数が元都庁のお役人であり、区の行財政の権限は既に述べたとおり、都が都区財政調整制度によってコントロールしていたから、区長の顔はおのずと区民よりも都の方へ向いてしまうこととなる。第二に、区議会における政治の動向いかんで区長が議会で選任されず、区長の空席が続くといった事態になったことである。第三に、区民の政治参加が非常に限定されることにより（自分の住む自治体の首長を選ぶ権利がない。）、区民としての自治意識が希薄になるという地方自治にとっての危機的状況が生じたことである。

「一九六五（昭和四〇）年代にはいってから、一部の区で、区長を区議会が選出する前に区民の選挙で候補者を選出する準公選運動が始まった。これは、都市化の急進展で各特別区の区議会の多党化が進み、しかも絶対多数を誇った保守勢力が過半数を割ったりさらに分裂したりして長期にわたり区長を選出できず、空白が続くという事態が相次いで発生した。区長不在の日数は、千代田区五二一日、新宿区五五四日、文京区四六一日、品川区四〇三日、大田区六五一日、世田谷区三〇五日、渋谷区五三一日、練馬区は実に九四四日となり、練馬区の二度目の一九七二―三年の四四二のときは助役も不在で総務部長がすべてを代行せざるをえなかった」(1)。

こうした状況の中で、区長の準公選運動は、一九六七(昭和四二)年、練馬区民の運動によって始まった。この運動について、神原勝は、「当時の練馬区は、ガス・水道・下水道などの都市の基本施設や教育・文化施設の立遅れがいちじるしく、いわゆる『練馬格差』の是正が区政の中心課題となっていた。また、東京の急激な都市化とスプロールの影響をうけて、生活環境は劣悪になり、そのための矛盾が地域社会に累積した。東京の市民運動は一九六五(昭和四〇)年代の後半から一挙に噴出するが、練馬区ではこのような事情から、一足早く環境改善をめざす市民運動がこのころからいくつも存在していた」として、「区長空席が長期化するにともない、これら市民運動をすすめる住民の気持ちが、区議会にたいする憤りにかわっていくのに時間を要しなかった」と分析している(2)。

そして、「現行法下では次善の策だが、もっとも民主的な区長の選出方法として区条例制定による区民の直接投票方式が可能であると考えたのである」。「この方式に確信をもった関係者は、広範な市民運動を組織してその実現をはかるべきであるとの観点から、一九六七(昭和四二)年九月二日、大島太郎教授を代表とする『区長を選ぶ練馬区民の会』(以下『区民の会』という)を発足させた。これが区長公選運動のはじまりである」と指摘している。

「いわゆる区長公選方式は、現行法が区長候補者の決定→都知事の同意→区議会の選任という三段階の手続きを定めているだけで、第一段階の区長候補を決定する方法についてなんら規定していない点に着目し、この『法の空白地帯』を区条例の制定によって進め、その条例によっておこなわれる区民投票の『結果に基づいて』区長候補を決定しようとするものであった。したがってこの方法は、公選そのものではないにしても、それに準ずるという点では、憲法原理にのっとった理念的提案であり、同時に現行法の枠内において実現が可能であるという意味では、きわめて現実的提案であった」。

では続いてこの練馬区の区長準公選運動の展開を見ておくこととする。「区民の会」は「練馬区長候補者決定に関する条例（案）」の制定請求代表者証明書の交付を申請したが、都と自治省が指導して練馬区に交付を拒否させた。そこで「区民の会」は行政訴訟の準備を進め、一九六七（昭和四二）年一二月一一日に東京地裁に提訴した。一九六八（昭和四三）年六月六日、東京地裁は原告側（「区民の会」）の主張をほぼ全面的に認める判決を下した(3)。しかし、区側はこれを不服として東京高裁に控訴した。一九六八（昭和四三年）一一月二八日、東京高裁も一審と同様に「区民の会」側の主張を認め、被告の控訴を棄却した。

しかしこの間、練馬区議会は自民、公明、民社によって新区長を選任してしまった。かくして、「区民の会」は現実政治の場では勝利を得ることはできなかった。だが、こうした「市民運動主導型」の区長準公選運動は大きな影響力があり、その後各区に波及していった。一九七〇（昭和四五）年には荒川区、杉並区、北区、翌四六年には葛飾区、世田谷区で準公選条例制定の直接請求運動が展開された。同年、中野区では反自民五派連合による準公選条例が可決された（六月二四日）。しかし、区長職務代理者が同条例を再議に付したため、議会は「民主区長」として大内正二新区長を選任した。大内区長は準公選の実施を区民に約し、辻清明（東京大学教授）を中心とする「中野区特別区制度調査会」を設置してその実施の検討を依頼した(4)。

また、江戸川区においては、「市民運動主導型の『練馬型』と区議会多数派を形成した『中野型』を結合して『江戸川型』をつくり、その圧力で準公選を実現させようと、『区長を選ぶ江戸川区民の会』（羽生雅則代表）を組織して運動をすすめた。この運動はきわめてユニークに展開され、有権者の約三分の一に相当する六万八〇〇〇の条例制定直接請求署名を集めた」が、「選挙管理委員会が署名審査を引延している間に保守派によって区長の選任が強行され、実を結ぶことができなかった。だが、『江戸川区民の会』が作成した『区民投票の実施要領（案）』と『公正確保に関する候補者間の協定（案）』は、準公選の実現について具体的な見通しを与え、品川区における準公選の結実にはかりしれない影響を与えた」のである(5)。

その品川区では、一九七二（昭和四七）年七月三一日、区議会において、自民党を含む超党派で「品川区区長候補者決定に関する条例」を可決し、同年一一月一二日、区民投票を実施した。開票の結果、多賀英太郎（社会・共産・公明・民社推薦）が自民推薦の候補を押さえて区長候補者に決定した。

こうした区長準公選運動をきっかけに、特別区の自治権拡充運動が活発になった。一九七〇年代に入り、こうした運動の圧力のもとに、政府及び都は都区制度について、根本的な見直しを余儀なくされた。要するに一九五二（昭和二七）年以来の都区制度は失敗であったことを認めざるを得なくなった。この間にも東京の都市問題、また大都市問題は激化し、この問題に抜本的に対応することが、都政の緊急課題となった。

地方制度調査会においても特別区のあり方が検討されるにいたった。一九七〇（昭和四五）年一一月二〇日、第一四次地方制度調査会は「大都市制度に関する答申」を提出し、特別区について、「現在都がぼう大な組織のもとに複雑多岐にわたる事務をかかえ、適正かつ効率的な経営を期待し難くなっていることにかんがみ、かつ、住民の日常生活に密着した行政機能をできるだけ住民の身近なところで、地域の実情に即して処理するという基本原則に基づき、特別区の権能の充実強化を図るとともに、これにふさわしいように規模の適正化と内部組織等の改善措置を講ずるものとする」として、特別区の事務に関し、「特別区の区域を通じて一元的に処理することが必要な特定の事務（公営住宅の建設、上水道、幹線下水道、ごみ・し尿の終末処理、消防等）を除き、原則として、市が処理することとされている事務は特別区において処理することを基本的な考え方として、さらに大幅な事務移譲を行うべきである」とし、また、「特別区が与えられた権限を責任をもって処理することができるよう、現行の都配属職員制度は、廃止するものとする」とした(6)。

そして一九七二（昭和四七）年一一月九日、第一五次地方制度調査会は「特別区制度の改革に関する答申」を提出し、区長の公選制度の採用、これにあわせて都から特別区への事務移譲、都配属職員制度の廃止、都区財政調整制度における一件算定方式（政策の一件一件を個別に査定する方式）の廃止などを提言した(7)。この地方制度調査会の答申に沿って、地方自治法の改正が国会で審議され、一九七四（昭和四九）年五月一〇日に成立した。こうして区長公選制は復活し、また特別区の自治権が拡充された。

主な改正内容は、まず都と特別区の事務の従来の関係は、市に属する事務は都が行い、特別区は列記された事務だけを行っていたのを、この事務の関係を逆転させ、市に属する事務は特別区が行い、都の事務は法律や政令に決められたもの(8)になった。保健所設置など通常市で行う事務九六項目が特別区に移管された。人事の面では、都配属職員制度を廃止し、特別区の人事権が確立された。従来、特別区は区で採用した固有職員と都で採用した都の配属職員の混成部隊であった。全体のほぼ半数にあたる二万九九〇二名と九六事業の二八三〇名の計三万二七三二名が翌一九七五（昭和五〇）年から特別区の職員となった。財政面では、都区財政調整制度における投資的経費について、従来の一件算定方式が廃止され、測定単位及び単位費用で算定することとなった(9)。

以上のような改革によって、特別区の自治権は拡充されたが、東京都との一体性の歴史的沿革から「特別地方公共団体」としての位置づけを変えることはできなかった。また、特別区の性格は都の内部団体のままであった。「大都市一体性」という特殊理論に基づき、特別区の自主性を阻害してきた都区財政調整制度は、運用面を変えただけで制度の本質的な改革は何もなされなかった。いわゆる大都市事務（特別区における都の行う市の事務）が都に留保されているからである。

そこでは、都区間及び特別区相互間で連絡調整を図るための組織である「都区協議会」、特別区の事務について都が調整条例を設けることのできる制度も存続した。区長公選が復活したこと、原則として一般市の事務を行うことになったこと、都配属職員制度が廃止されたことなどは、特別区の自治の確立にとって意義があったが、特別区の地方自治体としての位置づけや都区制度に関する抜本的な改革は、今後の課題として残された(10)。ここに至っても都の「東京市役所」としての機能は、本質的に何ら変わることはなかったのである。

（1）佐藤、前掲論文、五五頁。

（2）神原勝「区長準公選運動（練馬区・品川区）」『資料・革新自治体（続）』（日本評論社、一九九八年）四八九―四九〇頁。なお、神原は練馬区の政治状況について、次のように述べている。「昭和三九（一九六四）年には助役選任問題をめぐって区議会は区長派と助役派に別れて抗争を続け、四〇年には職員の水道工事費着服事件や不正入札事件が相次いで発生し、翌四一年にはそれらが区長の進退問題にまで発展した。そしてたび重なる区議会側の責任追及にたいして、区長は二三区ではじめての議会解散権の行使をもって対抗した。解散総選挙の結果は、当時の、都市化がすすむ郊外地域住民の政治意識をよく反映して、多党化の促進と革新派の進出をもたらした。自民党は過半数を割り、社会党は一躍六議席ふやして、新しい区議会の勢力分野は、自民二四、社会一一、公明七、共産四、民社三、無所属三となった。さらにこの選挙で重要なのは、区長派議員が後退したことである。そのため区長は辞任し、次期区長の選任問題が区議会の最大の政治課題となった。従来であればここで過半数を制する自民党が次期区長を選定するはずだが、選挙の結果で自民党の単独支配体制がくずれたため、区議会は保守・革新入りみだれてのかけ引きで一進一退の状況が続き、区長空席が長期化した」（神原、同論文、同書、四八九頁。）。

（3）東京地裁の判決は、「住民に直接自己の意思を表明する機会を与え、これによって民意に反する施政を是正し、代表民主制にともなう弊害を除去する方途を講ずることは、真の住民自治を実現するうえに極めて必要である」と住民の直接参政制度（直接民主制）を高く評価し、また手続きとして、「住民の請求による条例の制定過程においては、行政機関たる長に条例案の内容に対する事前審査権を認めなければ違法な条例の出現を阻止しえないというような仕組みにはなっておらず、むしろこれを認めないことが地方自治運営の建前に適合するものといえるのである」とし、「本件条例案の内容をみると」、「区民投票により選出された者以外の者を区議会において区長候補者に決定することを絶対に許さないとしたものであることが一義的に明白であるとまで断定することはでき」ず、本件条例案は、「その違法であることが疑いを容れる余地のないほどに明白で、しかも修正不能なものであるということはできない」とし、「被告の本件代表者証明書交付拒否処分は違法であるから、右処分を取り消すことと」するとした「判決文は「判例時報」五一九号、二二頁。）。

（4）同調査会は、一九七三（昭和四八）年四月六日、「特別区制度に関する中間答申（区長の選任方法を中心として）」において準公選方式の意義を高く評価し、「もし、地方自治法の改正が行われなければ……区長公選方式が採用されることが望ましい』としている。

（5）神原、前掲論文、前掲書、四九五頁。また、神原は、「江戸川区における運動は、その運動形態の斬新さもさることながら、主として次の点に特徴をもっている」とし、「第一は、中野区のように執行機関側の関与による違憲論の入りこむ余地をなくすため、区民投票を区議会の調査権（地方自治法第一〇〇条）の行使として位置づけ条例案の手直しをおこなったこと、第二は、条例にもとづく『区民投票の実施要領（案）』をはじめて作成して投票にいたる諸手続きを明らかにするとともに、従来しばしば指摘されてきた『公正の確保』についても、『区民投票の候補者は相互にその運動について協定し、誠実な履行を区民に約束する』という『区民投票の公正確保に関する候補者間の協定（案）』を作成したことであった」と述べている（同論文、同頁。）。

（6）第一四次地方制度調査会「大都市制度に関する答申」（小早川光郎他編、前掲書第三巻）二〇三―二〇五頁。

（7）第一五次地方制度調査会「特別区制度の改革に関する答申」（小早川光郎他編、同書）二一二―二一三頁。

（8）都に留保された事務の主なものは次のとおりである。①伝染病院等の設置（伝染病予防法）②特定街区等の地域地区の都市計画決定事務（都市計画法）③公共下水道の設置管理事務（下水道法）④一般廃棄物の清掃事務、なお、収集運搬については、別に法律で定める日までの間は都に留保（廃棄物の処理及び清掃に関する法律）⑤消防の事務（消防法）⑥特別区の教育委員会の所管に属する教育職員の任用等（地方教育行政法）。また、法令等に定めはないが、一般的には市が行っているが、都が行っているものに、公営都市交通事業、公設市場・と場、公立病院などがある。以上は、いわゆる「大都市事務」と呼ばれているものであり、ここに特別区の区域における都の特殊性が存在する。

（9）一件算定方式とは、都区間で協議策定した行政施設の建設計画に基づき、都知事が各区の建設事業計画を一件ごとに審査決定し、基準財政需要額に参入する方式であるが、客観性に欠け、特別区の自主性を阻害しているとの批判があった。

単位費用とは、特別区が合理的かつ妥当な水準で行政を行う場合等に要する経費を基準とし、補助金等の特定財源と自主財源をもって充当する部分を除いた、一般財源をもって算定した測定単位当たりの費用をいう。

なお測定単位とは、基準財政需要額を把握するために、行政の種類ごとに適切な項目（例えば選挙費では有権者数）が選ばれ、その数値には、客観的で信頼性のある統計等の数値が用いられる。

◎単位費用算定方式による基準財政需要額の算出

＝（測定単位の数値×補正件数）×単位費用

〔参考文献〕①東京都総務局行政部区政課『都区財政調整について』②都財政問題研究会編『第六版・体系　都財政用語事典』（都政新報社、一九九七年）

（10）この時の改正について、高木鉦作は、「今回の改正による区長公選制の実現にしても、また特別区への事務移譲にしても、いずれもそれらは一九五二（昭和二七）年の改正によって生じた矛盾を打開するためのもので　あったといってよい」としながらも、「今回の改正にもかかわらず、一九五二（昭和二七）年の改正によって制度化された基本的枠組は破られずに終わった。むしろ、その枠内の改革にとどめようとしたものであった」と指摘し、「区長公選を廃止した一九五二（昭和二七）年の改正の趣旨は、現在もなお根強く生きているといえる」ので、「一九五二（昭和二七）年に形成された枠組を根本的に変革することこそ、今後の特別区制度改革の重要な課題である」と述べている（高木鉦作「区長公選とと事務移譲」『都市問題』第六五巻第一一号、三七頁）。

第三章　都区制度改革の展開と改革の現実　基礎自治体へ向けて

一九七四（昭和四九）年の地方自治法改正は、特別区の自治権拡充にとって一定の成果をもたらしたが、都区制度にとって残された基本的課題も多かった。こうしたことから、特別区のより一層の自治権の拡大をめざして、特別区、東京都、学者レベルなどから都区制度改革案が提出された。本章では、都区制度の改革案を個別に検討することにより、都区制度改革のあるべき姿を明確にする手かがりにするとともに、一九九八（平成一〇）年地方自治法の改正により、特別区が都の内部団体から基礎自治体へ大きく近づいたプロセスをたどることによって、現実にはどのような改革が実現したのかを明らかにしたい。このことによって、都区制度改革にとっての今後の課題が何であるのかを設定することが可能になると考える。

第一節　「都政改革討議のための提言」（都区政研究会）の検討

都区制度改革の提言として最も注目すべきものは、「都区政研究会」による「都政改革討議のための提言」（一九七六年五月）である[1]。研究会のメンバーは、神原勝、篠原一、菅原良長、西尾勝、松下圭一の五名[2]である。まず提言の目的を次のように述べている。

「都政改革の主軸に都区変則制度の改革をすえ、公選区長時代にふさわしい東京の政治革新をすすめる視点を設定することによって、はじめて、都政改革の道路をきりひらくことができる、と確信しているからである。このような趣旨から、この『提言』は、まず基礎自治体としての区にさしあたって市なみの自治権を保障し、市民参加によって、その内実をそなえた区市町村自治を確立するとともに、これを土台にした新しい都・区市町村を構想し、都を県としての広域自治体機能に純化することをめざしている」。

ここには、市民自治による特別区の自治権の確立、東京都は府県機能に純化すべきとの考え方が明確に現れている。

そして、美濃部革新都政〈第一期 一九六七（昭和四二）年から一九七一（四六）年、第二期 一九七一（昭和四六）年から一九七五（昭和五〇）年〉の成果と問題点を次のように要約している。

1 革新都政の成果

（1）都民と都政の心理的距離の短縮——対話都政・参加都政の展開

（2）都政の計画における考え方の転換——市民参加とシビル・ミニマムの提起
（3）開発中心から福祉優先財政への誘導——大型、専門の医療・福祉施設の設置など
（4）国にたいする独自施政の強化——都民本位の施策による抵抗機能の発揮
（5）首府から自治体東京都への脱皮——自治体機能の重視と「権限なき行政」の試行

2　都政の直面する問題点

（1）区長公選段階への対応不能——「都区一体性論」幻想の温存
（2）基本計画の策定不能状態——政策決定中枢の不在による「ただよう都政」
（3）機構膨張体質の放任——幹部職員の状況追従と自然増収依存の放漫管理
（4）県的広域機能の立ち遅れ——市的事務の抱え込みと二重行政
（5）区市町村参加方法の欠如——基礎自治体不信と後見主義の惰性

革新都政の成果については、歴史的にこのとおりであるし、問題点についても的確かつ明確に把握されている。特に問題点については、現在の都政においても本質的にあてはまる。

次に、「区市町村の自治を基礎とする都政改革」の原則として、以下の六原則の確立を提言している。

（1）市民自治による市民福祉の原則

（2）市民参加による自治体計画主導の原則
（3）区市町村優先・区市町村参加の原則
（4）膨張体質をもつ機構の民主改革の原則
（5）首都圏の県・市町村との広域協力の原則
（6）国にたいする自治権拡充の原則

そして、「都政改革の構想・手順としては、第一に区の自治権拡充を中心とする都と区の関係の抜本的改革、第二には、都と区市町村との新たな関係の形成、そして第三として、都と首都圏の県・市町村との広域協力関係が考慮され、第四には、さらに国との関連で、自治権の拡充をはかり、その一環として全国計画への積極的発言を行うことが必要である」としている。

「新しい区市町村と都政」ということでは、第一に「区の自治権確立」をあげている。まず、「公選区長に一〇〇％の人事権を」ということで、区長の人事権の確立を提言している。現在でも幹部職員等の一部について、都からの昇任や指定席があることは事実である。また、二三区の職員採用は特別区人事・厚生事務組合が一括して行っており、市町村のように各自治体が個別に行うシステムになっていない。特別区の管理職の昇任試験も同じである。

第二に「区に市なみの自治行政権を―現地総合主義の都市づくりをめざす」ことを提言している。ここでは、「市民生活に密接し区政が即応しうるような地域市民福祉に関する事務は、その責任と権限をすべて区に移管し、区において体系的総合性をもった行政を展開できるようにする」とし、「都市計画とそれに関連する市的事務はすべて実質的に区移管をすすめる」こと、「いま都がおこなっている本来の市的事務であるはずの都市装置関係行政――ゴミ処理システム（一次焼却処理まで）、上水道（水資源対策をのぞく）、下水道（流域下水道を除く）、消防（多摩地区なみ）――は、基礎自治体における自治体計画の中枢的部門でもあり、それを公選区長のコントロールのもとにおくため、その責任と権限を区に移す。そのうえで区の責任のもとで逆に都に委任する処理方式や区間（あるいは区市町村間）共同処理方式が模索されることがあってもよい」と特別区への権限の移譲は、歴史的にタブー視されてきた大都市事務にまで及んでいる。

財政面では、「各区に自治財政権の保障を―都区財調制度の撤廃をはかる」という画期的な提言をしている。「都区財調制度は、『都区一体性論』幻想の基礎をなしてきたが、この幻想が破綻した今日、それは解体されるべきであり、都区財調条例は廃止する。そのとき、区の財政は他の市と同様に国の地方交付税システムの適用をうける」とし、「都区財調制度を廃止するにあたっては、現行の調整三税（元来市税になっている固定資産税、住民税法人分、特別土地保有税）ならびに都市計画税を区に還元する原則にたって財源配分をきめ、特別区税調整条例は廃止する」としている。また、「上・下水道、消防については、区は都に逆委任する場合には、都にたいし分担金等を支払うこととする。清掃はむろん『自区処理の原則』にもとづいて区の負担で処理する」としている。

都の役割として「各基礎自治体間の税源の偏在からくるシビル・ミニマム格差を是正する財源措

置は、広域自治体としての都の存在理由にもかかわる当然の政策課題」とされている。都区財政調整制度は、都区制度の根本をなす制度であり、歴史的に見ても運用面の改正はあったが、抜本的な改革は行われてこなかった。この制度は特別区が自治権を確立するには廃止しなければならない制度であり（これについての詳細は第四章第三節）、本提言を支持したい。

「区政改革の起点」としては、「市民ならびに職員に政策情報を迅速に公開し、市民参加・職員参加によってその創意を区政に結集するシステムを確立していく」こと、「自治体計画の策定をすすめ、各区独自の人事・機構・政策を立案・実施する」こと、「ほぼ五万前後を基準にそれぞれの区内に規模の小さな自治単位機構をつくりあげるなど、自治行政の地域化・分節化の構想を明示する」ことなど、市民自治、情報公開による政策型自治体をめざすという、時代を先取りした提言をしている点は注目すべきである。

ついで、「区市町村主導の都政改革」として、「区は、市町村と連帯して、都政改革のために都にたいする先導機能を発揮する態勢をつくり、都の体質転換をうながしていく責任をになわなければならない」こと、「都の県的機能をめぐり、各区や各市町村は都にたいし明確な政策要求をまとめること、「其の基本計画の策定にあたっては、区市町村は連帯して自治体として積極的に参加するだけでなく、策定過程においては特に都民はもちろんのこと、区市町村の職員が参加するシステムをつくる」こと、「従来の特別区協議会は、都の派遣職員が中心で都が区をコントロールする機構となっており、区相互間の自主的連帯性をそこなうような運営がなされて、また各区の独自な政治責任を不問にするような機能をもっているので、まずさしあたって都の職員派遣をやめなければならない」こと、また、「都と区市町村の対等な協議ないしは総合調整の機構を創出する構想を平行してすすめていき、『区市町村協議会』を新たに設置する。この協議会は自治体連合という性格をもたせ、運営は区市町村独自の財源と職員によるものとする」ことなど、かなり具体的な内容となっている。

後で論じることとなるが（第四章第四節）、特別区協議会の問題点も指摘している。なお、この提言の背後には既に「政府間関係論」(3)の萌芽をみることができる。ここで提起されている都政の改革は、今日においても依然として課題となっているのが現実である。

第三に「改革をせまられる都政機能」として、「都は、市民生活に直接かかわる行政の実施機構ならびに責任と権限を区市町村におろし、基礎自治体の活動を前提として、その広域調整をおこない、県的機能としての戦略先導に純化すべきである」こと、「都は、区市町村の自治権を前提として二重行政にならないように努力するとともに、さらに積極的に大型都市装置について戦略的に先行性をもった行政をすすめ、また市民施設についてはとくに都レベル（広域）でのみ必要とされる大型・専門施設に限定する」こと、「区市町村自治を基盤に、都は、都レベルの独自の政策課題をめぐって基本計画を策定するとともに、機関対立主義の原則にたった都知事・都議会の指導責任態勢を確立する」こと、「都の基本計画ならびに個別計画の策定などにあたっては市民と区市町村の参加手続を確保するとともに、毎年度予算案の編成にあたっても知事は区市町村の首長が出席する

『予算編成会議』をへて、最終査定にするという制度をつくる」こと、「都は、市民、区市町村、さらに都職員にたいし政策情報を大胆に公開するとともに、さらに参加システムを整備することによって市民レベル、区市町村レベル、都レベルの政策討議のチャンスを拡大する」こと、「都に属する許認可、指導などの権限の行使にあたって、都は市民間のルールならびに区市町村の自治権を尊重し、決定過程および決定基準を公開する」こと、「都は、区市町村にたいし、都全域のシビル・ミニマムを充足するために、タテワリ補助を全廃し、新たに『シビル・ミニマム充足計画』にもとづいて、その財源を「自主財源あつかい」で区市町村に交付する」ことなどを提言している。これらの改革案も都政機能の本質をついた具体的でありかつ実践的なものである。ここにおいても、政策の権限と責任の明確化、政策決定における情報公開、市民参加、適正手続、自治権の尊重などが強調されている。

以上のように、都区政研究会による提言は、都政の問題点を適切に分析し、都政の改革の主軸に都区制度改革をすえ、非常に的確かつ大胆なものになっている。提言の考え方の基礎には、市民自治・共和、分権、市民参加、シビル・ミニマム、情報公開といった今でこそあたりまえになったが、当時としては斬新な思想がおかれていた。現在でも、内容的には全く古さを感じさせないばかりでなく、むしろ普遍性を帯びている。まさに研究会のメンバーの本領が、十分に発揮されていると言っても過言ではない。この提言が実現していたら、都区制度改革が真に抜本的なものになり、大都市東京は、まちがいなく新たな自治都市としての展開を遂げていたであろう。したがって、この提言の内容は今日においてももっと再評価されるべきあると考える(4)。なおこの提言は、本論文の第四章で展開される都区制度の改革構想の基本的なフレームになるものである。

(1) 以下の記述における「都政改革討議のための提言」からの引用はすべて、前掲、『資料・革新自治体(続)』五〇二―五〇七頁から行った。〔本書補注〕なお提言の全文は『とうきょう広報』(東京都の広報誌)、『都政』(財団法人東京都政調査会発行の月刊誌)に掲載されている。

(2) 各メンバーは改めて紹介の必要はないと思われるが、それぞれわが国の地方自治研究において、すぐれた業績を残している人たちである。「都政改革討議ための提言」との関連で参考とした、各メンバー執筆の文献は次のとおりである。

神原　勝〔のち北海道大学教授〕「都区関係と制度改革の展望」(新藤宗幸編著『自治体の政府間関係』一九八九年、学陽書房)

篠原　一〔東京大学教授〕『市民参加』(岩波書店、一九七七年)

菅原良長〔美濃部都知事特別秘書(一九七〇――一九七四年)〕『地域自治の改革構想』(新紀元社、一九八三年)

西尾　勝〔東京大学教授〕『行政学の基礎概念』(東京大学出版会、一九九〇年)

松下圭一〔法政大学教授〕『都市型社会の自治』(日本評論社、一九八七年)

(3) 「政府間関係」は、intergovernmental relations の概念の継受を基本とし、自治体を政府とみる観念である。自治体は地方の政府(local government)である。基礎自治体を越える、あるいは広域自治体を越える方策には、合併方式、個別共同方式、連合方式、権限逆移譲方式があり、連合方式をとれば新しいレベルの政府が誕生することになり、権限逆移譲方式をとれば異なるレベルの政府間関係が変動したことになる。都区制度は府県レベルと市レベルの変則的な関係であり、一次的には異なるレベルの政府間関係であるが、「政府間関係」論の出発点である基礎自治体の区域、規模、権能がどうあるべきかによって、特別区と都の市町村との関係を変えることとなる。そして、「政府間関係」が創出しようとしているものは、「対等な政府間の協力的な相互依存関係」である（西尾勝、前掲書、『行政学の基礎概念』、三九三―四〇一頁参照。）。

（4）都区制度改革について論じた文献をみても、「都政改革のための提言」についてふれているものは、研究会のメンバー以外の著作からは見ることができなかった。

第二節　特別区と東京都における都区制度改革案の検討

一九七五（昭和五〇）年の都区制度改革の実施後も、より基本的な改革をめざして、都と特別区の双方で都区制度改革の検討がすすめられた。特別区のサイドでは特別区長会の諮問機関として、一九七四（昭和四九）年に設置された「特別区政調査会」（会長・辻清明東京大学名誉教授）が、第一次から第四次の答申を経て、一九八一（昭和五六）年八月二八日、「『特例』市構想について」(1)を答申（第五次）した。

答申によると、「特例」市構想の基本は二点あり、「第一は、現行の特別区を普通公共団体としての市に改める。第二は、特別区を市に改めたうえ、一般の市と異なった行政上の『特例』を設ける」としている。「制度上、特別区を自立した基礎自治体として確立するためには、地方自治法の改正によって、特別区を普通地方公共団体としての市に改める必要がある。それは、明治以来、幾多の制度改革にもかかわらず、一貫して用いられてきた『区』の名称を廃止することである」とし、「特別区を市に改めることの第一の意義は、特別区の区域において、制度上、東京都から自立した基礎自治体を名実ともに成立させる点にあり、たんなる名称の変更にとどまるものではない」、「第二の意義は、東京という巨大都市において一定地域の諸問題を、自らの判断と責任で解決する中心主体を制度上確立することにある」と強調する。

「特別区を市に改め、その自治をより充実しうる制度を確立してこそ、東京都は、広域自治体としての本来の機能を十分に発揮し、巨大都市東京において均衡のとれた生活環境の整備や都市機能の円滑な遂行をはかっていくことができる」としている。「とくに、中枢管理機能が著しく集中している都心の特別区と、その他の特別区の間には、税源の偏在と行政水準の格差が生じている事実を看過することはできない。また現在の特別区相互間における昼夜人口流動は、他の大都市と比較して極めて大規模である。しかし、各種の基幹的な都市施設は、すでに、特別区の存する区域においては、自然的、社会的諸条件に適合する形で配置・運営されている」ので、このような「都市構造の特性を重視し、安全で快適な住民生活の基礎条件を保障するためには、基礎自治体（『特例』市）相互間の間にも、基礎自治体と広域自治体（東京都）との間にも、制度上、他の府県と市町村との関係とは異なった役割分担や協力方式を設けることが必要である」と市に特例を設ける理由を説明している。

具体的に「特例」市の事務機能として、まず「基本原則」は、①一般市が行うとされている事務は、「特例」市が処理することを基本とし、府県の事務とされているものでも、基礎自治体で行う方が、大都市の住民生活にとって適切かつ効果的であるものは、積極的に「特例」市の事務とする。例えば、児童福祉、身体障害者福祉など。②一般市が行うこととされている事務でも、「特例」市に分割することが技術的に困難な事務や広域自治体である東京都が一元的に行う方が効果的な事務は、東京都の責任で処理する。例えば、水道、下水道、消防・救急など。なお、一般廃棄物の収集・運搬はすでに法的に特別区の事務であるから「特例」市への移行を待つまでもなく、すみやかに特別区に移管すべきであるが、一般廃棄物の終末処理、産業廃棄物関係事務は都で処理すべきとしている。

また、「特例」市の財政制度としては次のような提案をしている。①特別区の財政自治の確立を大きく阻害している都区財政調整制度は廃止することとする。②現行の特別区税及び現在都税とされている市の税を基本的に「特例」市の税とする。ただし、事務配分により都が処理することとした事務に見合う財源については、税源配分の方法によって、都税として位置づける。その際、現行の特別区税はすべて「特例」市の税とする。また、少なくとも現在都税とされている固定資産税は「特例」市の税とする。③「特例」市間の財政調整は、法律に基づいて設置される、各「特例」市を構成員とする「公的組織」が行い、調整財源は、納入金及び地方交付税の交付金とする。なお、納入金は、各「特例」市の税目のなかで調整財源にふさわしい税目を選定する。④地方交付税は、現行の都と特別区の合算制度を廃止し、都と「特例」市を分離し、各「特例」市への個別適用ではなく「特例」市を一括して算定する。財源不足が生じた場合には、「公的組織」が一括して交付を受けるものとする。

「特例」市構想の「核心は、特別区を普通公共団体としての市に改め、その上で一般の市と異なる行政上の『特例』を設けるというもので、都の内部団体の位置にある特別区を『特例』市への転換を求めたものである。そのために、東京という巨大都市の特性に応じて、都と『特例』市との間に大都市事務の処理に関する行財政上の特例と、各『特例』市の税源の偏在や行政水準の格差に対して、『特例』市相互間による水平的な行財政調整の仕組みの創設を提案している」[2]と当時の特別区政調査会の委員であった向山巌は述べている。

「特例」市構想は、第一節で検討した「都政改革討議のための提言」と比較して、次に述べるような問題点がある。①改革の思想となるべき視点が明確でないこと。いわゆる制度設計に必要な「自治・共和」原理がない。②改革構想が中途半端なものになっていること。市の事務として約三割（過去一〇年間の決算）を占めるとされる大都市事務は依然として都の事務になっており、また都区財政調整制度の廃止の代わりに、「特例」市間の財政調整を導入し、地方交付税を個別に各「特例」市へ適用することはできないとしていることなどに表れている。③特別区をあくまで一体的なものとみなし、新たな「特例」市間の格差を認めず、「特例」市間の水平調整にこだわっている。

以上の点から、「特例」市構想は、都を府県に純化し、特別区を市と同格にすることはできないものであったと考える。

「特例」市構想を受けた都サイドでは、一九八一（昭和五六）年一一月に都制度調査会（座長・田中二郎東京大学名誉教授、翌五七年から雄川一郎成蹊大学教授）を設置した。調査会は一九回の審議ののち、一九八四（昭和五九）年六月、都知事あてに「新しい都制度のありかた」(3)を報告した。

報告は次のように述べている。

①巨大都市東京の社会経済的な実態に対応する、一般の府県・市町村制とは異なる新しい大都市制度を確すべきである。これは広域自治体と狭義自治体の二層制で、「広域自治体は、基本的に府県機能を有するほか、大都市経営を総合的に推進するという観点から、一定の実施機能や調整機能を果たすために必要な機能を有する」とし、都が処理すべき主な事務としては、「大都市全域にわたる総合的な計画・指導・調整等」（例えば大都市全域にわたる土地利用・都市計画など）、「大都市全域で一元的・統一的に処理することが適当な事務・事業」（例えば広域的な防災・消防、環境の保全、大規模な公営住宅、清掃事業など）、「大都市全域の住民が利用する基幹的施設の設置・管理、事業の経営」（例えば都市交通事業、上下水道、中央卸売市場など）をあげている。また、狭義自治体の事務機能は、「大都市における基礎的な地方公共団体として、より適切にそれぞれの地域の問題の解決にあたるため、現行特別区が有する事務機能を含め、より一層拡充することとし」、「新しい性格に相応した住民に身近な事務」を処理すべきとしている。また、大都市地域の外延的拡大への対応、すな

わち隣接県の一部など大都市区域としての同じ都市実態にある地域も、原則的には同一の制度の下におかれるべきであるが、当面は現行制度の沿革や現状を考慮し、東京都の区域のみを対象としている。

②広域自治体と狭義自治体の財源配分は、狭義自治体の財政自主権の強化、広域自治体と狭義自治体間の「新たな役割分担を前提として、客観的かつ合理的な視点から配分する必要がある」とした。したがって、配分する固有税及び調整財源（特別区間の水平調整）のそれぞれに、原則として税目をあてはめ、明確に配分する。現行制度の都区間の垂直調整は廃止し、総額補てん制度も廃止される。また、「固有税の税目は、現行特別区税の税目を基本として設定することが適当であり、調整財源の税目としては、市町村民税法人分・固定資産税を基本として設定することが適当」としている。狭義自治体の財政調整は、広域自治体の徴収する税目の一部で行う。地方交付税による不均衡是正は大都市においては無理だからである。なお、地方交付税は、現行の都区合算ではなく、広域自治体と狭義自治体を分離して適用するが、狭義自治体間の財政調整があるので、狭義自治体全体が財源不足になった場合は、広域自治体が交付を受け、狭義自治体間の財源に組み入れる。狭義自治体の起債の許可権者は市町村と同様に広域自治体（都）知事とする。

③従来の「大都市一体性」とは視点が異なり、今日的意味での大都市一体性とは、第一に、それぞれの地域が異なった部分機能を形成し、それらが相互補完的な役割を果たしながら全体としての大都市を形成しているという都市構造、第二に、大都市区域に居住する住民の目的意識、生活様

式、生活行動圏の共通性、第三に、区長公選復活以降の自立的な特別区政の展開、特別区人事委員会の共同設置の例にみられるような相互の連帯と協力による自主運営など、としている。

この報告は、先の「特例」市構想よりも、現状の都区制度に固執している面がある。制度改革にあたって、従来の枠組みを根本的に変えようという姿勢は見当たらない。特に事務権限の移譲には保守的で、従来の関係にとらわれない新たな都（広域自治体）と特別区（狭義自治体）と言っておきながら、大都市事務は全て都の事務となっている。分権の視点が希薄で、特に見るべきものがなく、内容のない報告である。やはり都区制度改革における都の姿勢の限界を感じさせる報告であると言ってよい。しかし、特別区サイドの『特例』市構想」と都サイドの「新しい都制度のあり方」に示された改革案が、これ以降、都と特別区の都区制度の改正協議に反映されるのである。

（1）「『特例』市構想について」の引用は、特別区政調査会が特別区長会長に、一九八一（昭和五六）年八月二八日付けで提出した答申書による。

（2）向山巌「特別区制度の改革と二三区のあり方」『都政研究』（第二十二巻第六号・通巻二六九号）五頁。

（3）都制度調査会報告『新しい都制度のあり方―巨大都市東京の実態にふさわしい自治制度を確立するために』（一九八四年六月七日）。引用等はすべてこの報告書による。

第三節　都区制度改革「特別区＝基礎自治体」へのプロセス

都と特別区は都区協議会の下に設置された都区制度検討委員会で協議を重ね、一九八六（昭和六一）年二月一九日、「都区制度改革の基本方向」を決定し、都区協議会で了承された。その骨子は次のとおりである(1)。①特別区の内部団体的性格を改め、特別区を大都市区域における基礎的自治体として、普通公共団体に位置づける。②特別区が地域の特性に適合した政策を積極的に進められるように、都区間の役割分担を明確にし、住民に身近な事務はできるだけ区に移し、区の事務権限を強化するとともに自主財政権を強化する。都が府県機能を充実し、広域的大都市行政を積極的に推進できるようにする。

これについて神原勝は、「ここに指摘されている、特別区の基礎自治体としての自治権拡充と東京都の広域自治体としての機能の確立の基本方向は、『五〇年改革』以来つとに主張されてきた都区制度改革のもっとも枢要な論点であり、改革の基本方向としては異論をはさむ余地は少ない」とし、この「基本方向」は、「新しく再編される特別区の普通公共団体化を強調している。特別区の歴史をかえりみれば、そのときどきの立法政策に左右され、あるときは基礎自治体、またあるときは部分団体とされるなど、著しく安定性を欠いてきた。さらに、一九六三年に最高裁においても、都が基礎自治体の役割を果たすことを前提として、特別区のあり方は『立法政策の問題』にすぎないと判断された経緯」があり、「こうした不安定要因に加え、一九五六年の政令指定都市制度の発足に際して、地方自治法の『特別地方公共団体』から特別市が削除されて以来、特別区は一部事務組合や財産区などまったく内実の異なる団体とともに特別地方公共団体にならび称されてきた。これが心理的な側面で、特別区の自尊心を著しく損ねてきたことは、あらためて指摘するまでもない」としながら、「基本方向」にいう普通公共団体化は、そうした事態に終止符をうち、特別区を新しい基礎自治体として制度的に安定化させようという願望を込めたものにちがいない。制度的安定化のためには、憲法九三条第二項の『地方公共団体』たる性格をもつことが肝要である。何が憲法上の自治体であるかについては、種々議論のあるところである。今日までのところ、『普通地方公共団体』であることは、即憲法上の自治体たる理論的必然性が確固として存在しているわけではない。だが、制度改革の基本方向としては是認されて然るべきであろう」という適切な分析を行っている(2)。

次に特別区の自治権拡充についてであるが、「基本方向」によって都から区に移管予定となった事務は、一般廃棄物の収集・運搬、都市計画に関する事務などの二四事務で、その中には政令指定都市の事務も含まれていた。しかし、都市交通、港湾、水道、下水道、消防などの大都市事務は都の事務とされた。事務権限については現行制度より前進したが、都区財政調整制度に関して、抜本的な改革案は示されなかった。これについても神原勝は、「都が区をコントロールする仕組みである現行の都区財政調整制度は、区の自主性の確立を阻害している最大の元凶であり、その廃止が望まれているが、これは実現されそうにもない。それに改革案では、区が賦課徴収する『固有税』と都が賦課徴収する市町村税の一部である『調整税』の税目は現行のそれを継受しているにすぎないし、都市計画税の都区間配分にしても、いまひとつ明確さを欠いている」とし、「都区財政調整制度の都による『垂直調整』は廃止するとしているが、『調整税』の都区間の配分を国の法令で規定することが区財政の自主性を高めるうえでどのような意味をもつのであろうか。さらに、財調制度が温存されるかぎり、各区の基準財政需要額の測定単位や単位費用の設定の手続きが必要なことはいうまでもないが、これらについてはどのように考えていくのであろうか。『基本方向』では、新しい協議会における協議を経て都が行うとしているが、その決定を現行の方法に準じて都条例に委ねることとするなら、都の関与の余地は残されるといわねばならないであろう」と疑問視し、「このほか、都の関与の問題は、都区の共同管理事務をどう扱うかということとも複雑にからんでくる。さらにいえば、区の起債許可権者が都知事になるということも関連して、いま以上に区に対する都のコントロールがはたらく事態も想定されるのである。このように、『基本方向』の真価は、とくに都区財政調整のあり方の詰めにかかっているが、その移管によっては、現行都区制度となんら変わりばえのしないものとなる可能性を多分に秘めている」と都区制度改革の将来の姿を暗示している(3)。

都と特別区の関係者はこの合意をもとに、政府に向かって地方自治法の改正を求める運動を開始した。「鈴木都知事は、一九八六年二月二六日、自治大臣に対して都区制度改革についての要望書を提出し、三月七日には特別区長会会長も自治大臣に要望、五月二一日に発足した第二一次地方制度調査会での審議が期待された。九月から一二月にかけて全区協議会で制度改革を求める意見が議決され、合計一三四万にも及ぶ区民の署名運動も展開された。こうした広範な改革への気運のもとで、翌一九八七年六月一一日、第二一次地方制度調査会が都区制度のあり方について審議することが決定された。改正法案成立から制度改革実現に至る改革の進行スケジュールが見えてきたのである。一九八七年は二三区一体となった制度改革キャンペーン、シンポジウムなどが繰り返し展開された」が、「都区の期待に反し、第二一次地方制度調査会の一九八八年五月一八日の最終答申では、都区制度など大都市制度については、第二二次地方制度調査会に申し送りとなってしまった。新たな問題が浮上し、審議不十分のため、継続協議となったのである。

新たな問題とは、小規模特別区、都心三区直轄論や武蔵野特別区併合論、道州制論などもマスコミをにぎわせていた。一九八〇年代の東京一極集中がそれまでの客観的状況を大きく変えたのである。第二一次地方制度調査会への諮問事項は国から地方への権限委譲、小規模町村、都区制度等大都市のあり方の三点だったが、都区制度は横浜、大阪など政令指定都市の問題にも波及し、地方制度全般に関わることから、具体論議に踏み込むことができなかったとされる。特別区サイドでも目標の分かりにくさやPR不足、区民意識への未浸透、区内部での足並みの不統一などが改めて問題となった」のである(4)。

一九九〇(平成二)年九月二〇日、第二二次地方制度調査会は、「都区制度の改革に関する答申」(5)を海部首相に提出した。答申によれば、「今回は、住民に身近な行政で移譲が可能なものは、できるだけ特別区の事務とするとともに、大都市の行政一体性確保の要請に配慮しつつ、特別区の自主性、自律性を強化する方向で都区制度の見直しを行うこととし、以下の措置を講ずべきであるとの結論に達した」とし、次のような改革を提言した。

①特別区の性格は、都の特別区の存する区域における「基礎的な地方公共団体」とする。しかし、特別区は、「大都市の一体性確保の見地から、機能、税財政などの面において、一般の市町村とは異なっているので、なお特別地方公共団体」として特別区制度の基本的枠組みは変えなかった。

②特別区は、「特別区の存する区域を通じて都が一体的に処理する必要がある事務を除き、原則として、市が処理することとされている事務を処理することを基本的考え方として、昭和四九年の制度改正後もなお都に留保されている事務については、できる限り特別区に移譲することが適当であると考える」とし、「都区制度改革の基本方向」に掲げられている事項については、特別区へ移譲をすべきであるとしている。なお、「一般廃棄物の収集・運搬に関する事務の権限の移譲については、住民の理解と協力、関係者間における速やかな意見の一致が望まれる」としているのは、当時一般廃棄物の収集・運搬の特別区移管については、東京都清掃局職員の職員組合の中に強い反対論があり、都当局と職員組合との合意がなされていなかったため、条件を付けたものと思われる。

③都区財政調整制度については、「特別区の存する地域にあっては、都と特別区の間の財源配分を適切に行う必要があること及び特別区相互間に税源の偏在がある中でその行政水準の均衡を図る必要があることを考える」と「存置せざるを得ない」としている。制度の枠内の改革として、毎年度の総額補てん主義及び納付金制度の廃止、算定の簡素化を図るべきであるとしている。都区財政調整制度の抜本的な改革は、なかなかなされないのであった。

④「特別区側が強く求めていた『一般市と同格の位置づけ』については見送っている。これは、指定都市制度を含む大都市制度や首都圏制度の改革の一環として、考えるべきであり、都区制度改革に際しても千代田区のような人口減少の著しい都心区の再編をはじめ、周辺区もあわせて特別区の区域の見直しを行う必要があるという認識によっている」(6) からである。

第二二次地方制度調査会の答申を具体化するために、都と特別区は都区制度改革推進委員会で協議を重ね、一九九二（平成四）年一〇月、「都区制度改革に関する中間のまとめ」を作成した。これを素案として関係機関の意見調整を図り、制度改革実現の時期を一九九五（平成七）年四月とした都は、一〇月一四日、庁議メンバー全員で構成する都区制度改革推進本部を設置し、全庁的に改革に取り組むこととした。しかし、第二三次地方制度調査会答申において要望されていた清掃事業の特別区移管については、関係者間の意見の一致はなかなか実現しなかった。特に清掃行政の一貫性から分割実施には問題があるとして、東京都職員労働組合（都職労）から移管反対の声明が出されていた。

しかし、ようやく一九九四（平成六）年九月一三日、最終素案「都区制度に関するまとめ（協議案）」が都区間で合意された。この素案には、これまでの都区合意から離れてしまった点があった。第一に、基礎自治体の表現を地方自治法に規定することが盛り込まれなくなってしまったこと、第二に、清掃事業とその関連事務の移管、税財政制度の改革、都区間の特例措置の見直し、特別区の性格づけなど、制度改革の実施時期を二〇〇〇（平成一二）年四月とし、その他の事務はできる限り早期に実施することとしたこと、第三に、政令指定都市の事務がすべて法改正の項目からはずれたこと、第四に、清掃事業に従事する職員の身分は一定の派遣期間を経た後、特別区職員への切替えを基本とすることなど(7)であった。

その後関係機関との調整は難航したが、一九九四（平成六）年一二月一五日、清掃事業の特別区移管について条件整備を前提にした合意の「覚書」が交わされ、同年一二月一六日、鈴木都知事と特別区長会会長が自治大臣に正式に地方自治法の改正を要請した。その後もさまざまな改革の折衝を経て、一九九八（平成一〇）年三月一〇日、国会に上程されたのであった(8)。

（1）「都区制度改革の基本的方向」（特別区協議会編『特別区制度の改革』、一九九六年、三〇―三五頁参照。）
（2）神原、前掲論文、「都区関係と制度改革の展望」、八一―八二頁。
（3）神原、同論文、八四―八五頁。
（4）土岐、前掲論文、四二―四三頁。
（5）第二三次地方制度調査会「都区制度の改革に関する答申」（小早川他編、前掲書、資料日本の地方自治第三巻）三九三―三九六頁。
なお、答申の引用等はすべて本書によった。
（6）土岐、前掲論文、四三頁。
（7）都区協議会都区制度改革推進委員会「都区制度改革に関するまとめ（協議案）」（一九九四年九月）参照。
（8）この間の経緯の詳細については、土岐、前掲論文、四七―五二頁がよくまとまっている。

第四節　「特別区＝基礎自治体」の実現と都区制度改革の現実

都区制度改革を盛り込んだ「地方自治法等の一部を改正する法律」は、一九九八（平成一〇）年四月三〇日成立し、同年五月八日に公布され、二〇〇〇（平成一二）年四月一日施行となった。改正内容は、一九九四（平成六）年の「都区制度改革に関するまとめ」よりも前進した内容になっている[(1)]。その骨子は次のとおりである。①特別区は「基礎的な地方公共団体」として位置づけること。②都の特別区の事務配分は、都道府県と市町村の役割分担の原則に準じて行うこととすること。③特別区の財政運営権限の強化を図ったこと。④一般廃棄物の収集・運搬・処分など住民にとって身近な事務を、原則として特別区に移管することである。

地方自治法に創設された第二八一条の二第一項には、「都は、特別区の存する区域において、特別区を包括する広域の地方公共団体として」「都道府県が処理するものとされている事務及び特別区に関する連絡調整に関する事務のほか」「市町村が処理するものとされている事務のうち、人口が高度に集中する大都市地域における行政の一体性及び統一性の確保の観点から当該区域を通じて都が一体的に処理することが必要であると認められる事務を処理するものとする」と規定されている。都が大都市事務として処理するものとしては、水道、下水道、都バス、都営地下鉄などの都市交通の経営、港湾の管理、消防などで、歴史的に変化していない。そして同条第二項で、特別区は、「特別区の存する区域を通じて都が一体に処理するとされているものを除き」「一般に市町村が処理するものとされている事務を処理するものとする」と規定された。また同条第三項で、「都及び特別区は、その事務を処理するに当たっては、相互に競合しないようにしなければならない」とされた。

その他に、都の規則で特別区の区域内に関する事務を特別区に委任し、その事務の執行についての都知事が指揮監督を行う「区長委任条項」と、都が条例で特別区の事務についての調整を行うために必要な規定を設けることができるとしていた「調整条例」は、廃止された。また、都がもっていた特別区の廃置分合・境界変更の発案権も一般の市町村と同様に特別区がもつこととなった。ただし、特別区を含む新たな市町村の設置、特別区が他の市町村に編入されるようなケースは認められていない。

税財政制度では、都区制度の根幹をなす都区財政調整制度は、基本的枠組みは何ら変わることなく堅持された。ただし、財政調整の財源である調整三税（市町村民税法人分、固定資産税、特別土地保有税）を法定化し（法第二八二条第二項）、特別区の財政自主権を阻害してきた総額補てん主義（都の一般会計からの赤字分の補てん）及び納付金制度（基準財政収入額が基準財政需要額を上回った場合、その超過した額を都に納付させる制度。）を廃止した。このほか起債は、特例措置を最小限にし、許可権者を自治大臣から一般の市町村と同様に都知事に変更した。また税配分として、本来市町村税である入湯税、ゴルフ利用税交付金、航空機燃料譲与税を特別区に移譲した。地方交付税については、一般の府県とは異なる都区合算制度（都及び特別区を総体として財源保障するシステム）がとられてきたが、この方式は継承され、従来のシステムに変化はなかった。

特別区に移管される事務は約三〇項目であるが、その中で最大のものは「廃棄物の処理及び清掃に関する法律」による清掃事務（一般廃棄物の収集・運搬・中間処分・最終処分など）である。この事務の移管が特別区を基礎自治体として位置づけるための必須の条件であった。その他に都市計画決定に関する事務（街区面積一ヘクタール以下の特定が街区が対象）、教育委員会が処理する事務（区立小中学校・養護学校・幼稚園の任用及び服務、教育課程、教科書・教材の取扱いなど）、保健所設置市に係る都の保留事務（有害物質を含有する家庭用品の規制に関する事務、化製場等の規則に関する事務、食品衛生に関する事務、浄化槽法に関する事務など）、開発行為の許可等に関する事務などが移管されることとなった。

この時の都区制度改革は、特別区を従来からの都の内部団体的性格から基礎自治体として位置づけたことにより、一般的に高い評価を受けている。数少ない青島都政の功績のなかで、最大の功績とみる立場もある。本章第二節で取り上げた「『特例』市構想」に近いとみる学者(2)もいる。確かにこの時の都区制度改革は、かなりの前進であることには間違いないし、ここ数年にわたる関係者の努力に敬意を表したいと思う。しかし、現在地方分権は時代の大きな潮流であり、特別区の事務権限の拡充については、衆議院地方行政委員会の付帯決議にもあるとおり、「基礎的公共団体としての特別区を充実させるためのより一層の権限委譲の推進」が必要なことは言うまでもない。特別区の中でも一定規模以上の区では基礎自治体の権限として、むしろ政令指定都市がもっているような権限をより必要としているところもある。今後とも特別区のより一層の事務権限の拡大を要望したい。特に都が歴史的に当然の如く行っているいわゆる大都市事務は、もはや聖域とはならないと考える。

都のもつ大都市事務の権限を含め、「市」の事務をすべて特別区におろさないと逆に、いつまでも都の特別区に対する行財政のコントロールの手段である都区財政調整制度は、廃止することはできないのである。この時の改革でも、前述したように、都区財政調整制度の基本的枠組みは堅持されたままであった。当然財源の特別区への移譲も、軽微なものしかなされていないといっても過言ではない。第四章の第二節で詳述するが、東京都の「市」の事務をすべて特別区に移譲する→都区財政調整制度の廃止→特別区の自治権の確立という図式がどうしても必要なのである。

本章の最後に、今後の都区制度改革にあたっての土岐寛の次のような指摘を付け加える。

「都区制度改革運動は二三区横並びで推進されてきたが、特別区の地域的性格や人口規模、行財政レベルの相違は大きく、早晩、再検討、再編成が必要になってくるであろう。政令指定都市や中核市・広域連合など他の都市制度、三多摩市町村とのバランス確保の点も昼夜間人口差の極端な都心区や人口五〇万以上の大規模区の制度的調整も必要になる。二三区が基礎的な自治体に位置づけられたとしても、二三区の中には千代田区のような昼間人口は一〇〇万以上だが、定住人口では市となる人口要件（五万）に欠けるところもある。これは定住人口・経済規模を基準として現行の都市制度から外れ、戦後地方制度の全体的枠組みの改革を喚起する」(3)。

このように、従来の「都区一体性」や「大都市一体性」といった都区制度における観念ではもはや現実に対応できない。都区制度の歴史において、こうした観念は間違いであったと認識し、多元的な自治のあり方を検討すべき時期にきていると考える。

（1）改正内容については、以下の文献を参考とした。土岐、前掲論文、「地方分権と自治体・都区行政」、成田頼明「都区制度改革と都区間の新たな役割分担—地方自治法等の一部を改正する法律」『ジュリスト』一一四〇号、江畑賢治「都区制度改革の概要」『地方自治』六〇七号、寺洋平「都区制度改革—特別区を『市（町村）並み』にするということの意味」『自治総研』二三八号、内藤尚志「都区制度改革について」『地方財政』四三九号、成田頼明「都区制度に関する地方自治法改正について」『地方自治』六〇七号、福田毅「都区制度改革について」『住民行政の窓』一八六号、中原正淳「都区制度の改革—全体と個の調和」『図書館雑誌』九三巻五号、伊藤祐一郎「都区制度改革と法改正のねらい」『都政研究』三五八号、向山、前掲論文、「特別区制度の改革と二三区のあり方」。
（2）向山、前掲論文、六—七頁。
（3）土岐、前掲論文、五三—五四頁。

第四章　都区制度の改革構想　東京の自治・共和への新たな展開に向けて

本章では、第一章から第三章までの都区制度の歴史的考察、都区制度の歴史と改革の現実をふまえ、本来都区制度とはどうあるべきかという改革構想を、東京の自治・共和の新たな展開にむけて提示する。これまでの論述で繰り返し述べたように、都区制度は、戦時中における都制の成立以来、わが国の地方自治の歴史上、失敗の一つの象徴である。したがって、都区制度の根本的な変革なしに東京の自治・共和の確立は不可能である。また、都区制度の改革において常に主張される考え方は、「大都市の一体性・統一性」の確保に配慮しつつ、「特別区の自主性・自律性」を強化するというものであるが、このような視点からでは大都市東京にふさわしい制度を創ることはできないということを、都区制度改革の歴史的考察によって明らかにしたと考える。ここでは、制度設計の基本思想である「自治・共和」の視点から都区制度の改革構想を考察したいと考える。この場合、改革構想の基本とすべきフレームは、第三章第一節で検討した「都政改革討議のための提言」（都区政研究会）であることも再度強調しておきたい。

第一節　都区制度改革構想の原則

はじめに、「なぜ、かつての東京都のシビル・ミニマム計画が今一歩展開しえなかったか」という問題に対して、松下圭一は次のような的確な分析を行っている（1）。

「基本論点は、県レベルの計画としての東京都の計画が、目標値それに達成値までも、全都統計から機械的に設定したことである。その結果、第一に、安易に既成行政スタイルの延長上で考え、区市町村が地域特性をいかにしておしすすめる行政革新の可能性を過小評価ないし無視したこと、第二に、シビル・ミニマムの実現にむけて、都は区市町村に都区財政調整制度をふくめて安易な補助金散布を中心におしすすめたことがあげられる。都という広域自治体レベルの問題と、市町村ならびに特別区という基礎自治体レベルの問題との混同がみられたのである。シビル・ミニマムは基礎自治体レベルでの自治体計画の政策公準として直接の効果をもつため、都が先導して県レベルのシビル・ミニマム計画を提起したのちは、一歩しりぞいて区市町村のシビル・ミニマム計画を誘発するような戦略をとるべきであった。だが、都は当初、高度成長段階の財源のゆたかさとあいまって、かえってこの戦略への自覚を欠いていたのである。

このような事態がおきた理由については、東京都区制の問題点を理解しなければならない。

『県』としての東京都は、二三区全体にたいしては『市』としての直接の行政責任をもつため、達成値を各特別区ごとに明確にすることができなかった。もし各区ごとに達成値が明確になるならば、一般の市町村では当然のこととみなされている各特別区間の施策水準の不均等性が白日のもとにさらされ、都区財政調整制度自体の破綻にむすびつく。都庁官僚機構はこれに耐えることはできないため、逃げたというのが真相である。

都が県ならびに二三区の市、という二重性格をもち、しかも県よりも二三区の市という性格がつよい。このため、都は、県レベルと区市町村レベルのシビル・ミニマム計画を混同したのである。それでも、もし、このシビル・ミニマム計画に、都民参加、区市町村参加の手続きをとったならば、都のシビル・ミニマム計画は必然的に、さきにみたような意味で、区市町村のシビル・ミニマム計画にたいする県としての調整計画へと暫次変らざるをえなかったであろう（都区制の問題点については、都区政研究会『都政改革討議のための提言』一九七六年［本書一一六頁］参照）。

もちろん、この都区制からくる矛盾、混同があったとはいえ、シビル・ミニマムを自治体計画の中枢観念として最初に設定し、計画手法を開発したという都の功績は記憶されなければならない。だが、シビル・ミニマムは、基礎自治体（市町村）の主導性が確立されないかぎり、広域自治体（県）あるいは国の補助金の配分基準に堕し、かえって地域ないし基礎自治体で総合される市民福祉とは違いものになることを強調したい」。

ここには、都区制度及び都の「市役所」的体質の問題点が浮き彫りにされている。
また、松下圭一は、自治体改革の原則と課題を次のように要約している(2)。

自治体改革の三原則
(1) 自治体における市民自治の実現
(2) 自治体における自治能力の蓄積
(3) 政治の自治・分権改革

自治体改革課題の五課題
(1) 市民の参加型自発性の結果
(2) シビル・ミニマムの公共保障
(3) 地域経済力をともなう都市・農村整備
(4) 自治権の拡大による国の政治・経済・文化の分権化・国際化
(5) 自治体機構の民主化・効率化

以上のような自治体改革の原則・課題、並びに第三章第一節で検討した『都政改革討議のための提言』(都区政研究会)をふまえ、以下のような都区制度の改革構想を提示したい。

一　都は現在もっている「市」の権限をすべて特別区におろすこと

過去の都区制度の改革は、すべて都制度の枠組を前提として行われてきた。その際に、よく登場する原則に「都区一体性」ないし「大都市一体性」というものがある。これは特別区の歴史的沿革から強調されるのであるが、「かつて特別区が一般市としての性格や機能をもたないとする根拠づけに利用された諸条件は、今日かなりあいまいになっている。例えば、上水道や下水道が旧東京市が一体となって建設・管理・運営されてきたという点は、早くから大阪府下、千葉県西部諸都市、神奈川県中央部の府県営水道、東京都三多摩地区の東京都水道局への一元化などの水道の実態、また一九七一年から始まった都道府県による流域下水道、東京都三多摩地区の東京都新都市建設公社への建設委託などと実態はそれほどかわらず、特別区の特別扱いの根拠は薄れた。つぎに、消防の都による一元化扱いも、一九六〇年の三多摩各市の消防事務の一括都への委託（注・一九九九年度現在日野市と東久留米市を除く—筆者による）と実態はまったく同じとなり、これも特別扱いの根拠とはなりえない」こと、また、「特別区の区境を越えた連たん性の問題も、今では大都市圏の大半の市町村は同様な状態となっており、やはり特別区だけの特殊事情ではなくなった」ことなど(3)から、根拠のないものになっている。

また、神原勝の次のような指摘(4)もこれを裏づけている。

「従来から、特別区を東京都の内部部分団体として、これを制限自治区と規定する考えは、特別区の存する区域における大都市行政の一体性の確保を強調しては、もはやまちづくりや市民福祉の課題に対応できないことが明白になったのである。それは次のふたつの理由によっている。

第一はシビル・ミニマムの要請である。特別区が東京都内部部分団体であることは、東京都が県庁と市役所の両機能を併せもち、特別区はその出張所であることを意味する。けれども、このような体制のもとで、一一〇〇万の人口を擁する東京都が地域社会のすみずみに目配りしてシビル・ミニマムを設定することはむろん、それを実現することは到底不可能である。したがって、シビル・ミニマムは特別区の政策課題とならなければならなくなる。そのためには特別区の自主性の確立と自律性の強化が不可欠となって、東京都への権限集中を正当化してきた『都区一体性』は幻想にすぎないことが明らかになったのである。

第二は都における県機能の強化の要請である。東京都の行政は県的広域機能と市的市民サービス機能を混乱させ、そのため、広域自治体としての計画性と市民に対する責任性がきわめてあいまいなものにしてきた。東京都は南関東圏の中核自治体で、その地理的中心に位置し、中枢管理機能と人口の集中が著しい。したがって、市区町村を包括する広域自治体としての仕事はもちろん、近接県との広域協力によって達成すべき多くの課題をかかえている。けれども、市役所的存在であることから東京都のこうした県的機能は決定的に立ち遅れ、この点からも特別区の自治権強化による県的都政への機能鈍化が急務となったのである」。

「シビル・ミニマムの公共整備をめぐって、自治体レベルの課題が、量・質ともに拡大するため、自治体はこの課題にふさわしい権限・財源また人材・熟練をもつ自治体政府として自立しはじめる」[5]のである。そして、特別区は一九九八（平成一〇）年の地方自治法の改正により、第三章第四節で述べたように「基礎的な地方公共団体」に位置づけられたのだから、今後名実ともに自治体としての権限をもつべきである。改正された地方自治法にいう「人口が高度に集中する大都市地域における行政の一体性及び統一性の確保の観点から当該区域を通じて都が一体的に処理することが、必要であると認められる事務」（第二百八十一条の二第一項）として、いわゆる大都市事務が都に留保されている。しかし、「市の事務の一部を都が処理することは、大都市行政などと銘打つ必要はなく、広域的な事務処理するための方法のひとつにすぎない。機関の共同設置や事務の委託（区から都への委託を含む）、事務組合方式などによっても、その目的を達成することが可能なのである」[6]。要は特別区が、基礎自治体として、「市」の事務権限をもつことが必要なのである。権限があれば責任も生まれ自治体政策の遂行が可能になるのである。

二　都区財政調整制度を廃止すること

都区財政調整制度については制度改正の説明のところで触れてきたが、過去の改正においても、本質的な改革はなされてこなかった。というのは、都区財政調整制度は都が特別区の行財政をコントロールするもっとも有効な手段となっており、都区制度の根幹にかかわるものであるからである。都区財政調整制度のしくみについての詳細は、第三章第四節で述べたところであるが、二つの機能があるとされている。一つは都が大都市事務を行っているので、その事務と特別区の事務との財源配分機能（垂直調整）、もう一つは二三区一体性に基づく、特別区相互間の財源調整機能（水平調整）である。

前述したように、特別区に都の「市」の権限をすべておろしてしまえば、当然のこととして都区財政調整の垂直調整はいらなくなる。また特別区間の財政力の差は、一般市と同様に地方交付税制度の適用を受ければよいのである。もはや〈大都市一体性〉の原則など破綻しているのであるから、二三区横並びの必要性はどこにもないのである。ところが、この都区財政調整制度の改革には、特別区側が躊躇するような問題点があると言われている。というのは、「他の道府県においては、道府県庁所在都市は道府県からの自立意識が強く、その中心都市から上がる道府県財源は主として中心都市以外の周辺市町村へ注ぎ込まれる。極端な例は、大阪市に比して恵まれていた府下衛星都市の実態に見出せよう。ところが、東京都においてはそうなっておらず、旧東京市の延長上の東京都は特別区の区域から上がる都の財源を特別区に多く注ぎ込んできた。したがって、もしも特別区がさらに自立性を強め、東京都が一般府県としての性格に戻るとすれば、特別区の財政は相対的に力の低下をよぎなくされるはずであり、これを甘受するだけの自主性と裁量が生まれるかどうかが今後の焦点となる」(7) からである。これは、特別区が自治体として、都から自治権を確立して本当の意味の基礎自治体となるのか、それともこのまま都への財政依存の状態を続けるのかという、特別区の自治の基本となる重要な選択となるのである。

以上の二つの都区制度の改革構想の原則により、都は「府県機能」に純化することにより、自治体計画の策定、首都圏の隣接三県との対等な政策調整、組織のスリム化などを行うことが可能となり、政策自治体へ脱皮を図ることに繋がることとなる。また特別区は自治権を確立し、自立・再編の道を歩むことになるであろう。このことによってわが国の地方自治制度において特殊な制度であった都区制度は発展的に解消し、都と特別区はその役割分担を明確にした対等な自治体として再生し、相互に新しい自治体政府間の関係を樹立することができるものと考える。

（1）松下圭一、『戦後政治の歴史と思想』ちくま学芸文庫、一九九四年、二二六―二二七頁。
（2）松下、同書、三六八頁。
（3）佐藤、前掲論文、五八―五九頁。
（4）神原、前掲論文、六七―六八頁。
（5）松下圭一、『政策型思考と政治』東京大学出版会、一九九一年、二八六頁。
（6）神原、前掲論文、八六―八七頁。なお、第三章第一節で検討した「都政改革討議のための提言」も同様な意見を述べている。
（7）佐藤、前掲論文、五九頁。

第二節　特別区の課題　真の基礎自治体としての自立へ

都区制度は、歴史的に、一九七四（昭和四九）年の地方自治法の改正に基づく「五〇年改革」、そして、一九九八（平成一〇）年の地方自治法改正による二〇〇〇年改革の実現によって、次第に「都区一体性」は薄れ、今後もそうした展開を遂げるものと考える。もちろん都区財政調整制度が存在する限り、「都区一体性」論は破綻しているにもかかわらず、消滅することはないであろう。これに関連して言及しておきたいのは、都と特別区職員の人事交流である。「五〇年改革」によって都配属職員制度が廃止され、一般職員については明確な人事制度が確立したが、幹部職員の交流は残されている。「一九七八年に特別区人事委員会が設置され、七九年に特別区独自の管理職試験が行われるようになってから、急速にその規模を縮小してきている。しかも、現在はひとりの職員が送りこまれれば、ひとりを引きとるという、いわゆる一対一の交流が基本で、それだけ都の主導性は薄れるようになってきたといわれる。しかし、なお相当規模の幹部職員の交流は現在も行われている。また、この交流では、都→区の場合は係長職から課長職へといった昇格が基本で、区→都の場合は同格のポストに転出というように、対等な交流とはなっていない」という現実があり、「自治体相互間の人事交流が組織の活性化や職員の能力向上にメリットがあることはかねてから指摘されていることである。しかし、都区間の幹部職員の交流は、そのことよりも、人事における都区一体的運営ないし都の区に対するコントロールの歴史を現在もひきずっている」と言えるのである(1)。

またもう一つの「都区一体性」の例として、「各部・課長会などを通じて」のもので、「二三区の問題を一体的に処理する場として、区長会のほかに各部・課長会などが機能しているが、これらの会議には都の関係職員も出席し、都の事業を説明し、協力を求めるケースが決して少なくない。とりわけ都区財政調整制度が残されていることから、都は、これを通じて財源措置を行い、二三区の部課長会の場を通じて事業の実施を依頼していく方法をよくとっている。こうしたルールが存続しているのは、かつての都区一体の運営が現在もなお払拭されないためである」とされる(2)。

しかし、特に都及び特別区が、制度改革によりそれぞれ別個の採用を開始してからは都及び特別区職員に自治意識が高まり、都区間の新しい関係が徐々に芽生えるようになってきた(3)。こうして、次第に薄れてゆく「都区一体性」に比べ、逆に強化されているのが「二三区相互の一体性」だが、これこそがまた問題である。

「二三区の一体化を具体的に推進する仕組みは、区長会を頂点とした広範な連絡組織の存在である。一九八八年現在、二三相互の連絡組織として、区長会のほかに、助役会、収入役会、教育委員長会、教育長会、各部・課長会など、執行機関だけで五五にのぼる会議体が組織されて」おり、「同様に議決機関においても、議長会、各常任・特別委員会など九の会議体があり」、「これらの会議体を通じて二三区が一体的に対応・処理する案件は、国や東京都に対する要望事項はじめ、都・区間の調整問題、人事・労務に関する案件共同調査研究など多岐にわたっている」のが実情である(4)。

このような二三区の共同活動の事務局となっているのが、財団法人特別区協議会(5)である。特別区協議会は、一九四七（昭和二二）年に設立されたが、特別区が都の内部団体であったこと、都と特別区及び特別区相互間で一体的に処理する案件が多かったことから、年々体制が整備されてきた。一九九九（平成一一）年四月一日現在、事務局組織は局長以下四部三室一九課で、また、同年四月からは、二〇〇〇（平成一二）年から特別区への移管による清掃事業に必要な共同処理機関の設立準備を目的として、清掃事業共同処理準備委員会事務局（局長一、担当部長二、担当課長七）を設置した。事務局の職員数は一一〇名であるが、幹部職員を中心に都庁からの派遣職員の割合が高いのが特徴である。特別区の共同処理機関とは思えない職員構成である。

「二三区相互の一体性」のもう一つの側面として人事制度がある。特別区の場合、ほかの市町村と異なり、任用や給与に関して統一的に処理する機関として一部事務組合である特別区人事・厚生組合がある。一九七八（昭和五三）年四月には、特別区人事委員会が発足し、二三区は独自の職員給料表をもつこととなり、昇給・昇任の基準も独自のものとなった。職員の採用も一括で行っており、採用試験の合格者は必ずしも希望する区へ採用されるとは限らない。また、管理職の昇任試験も二三区一括で行っている。こうした特別区人事委員会に関する事務を共同処理するのが、特別区人事・厚生組合である。そのうえ、ここにも都庁の職員（都の管理職試験合格者のローテーションが多い）が多く派遣されている。このため、「二三区相互の一体性」も都中核でおこなわれているといえるかもしれないからである。

なお、特別区協議会は独自の調査研究部門をもっており、特別区の行財政の調査研究、行政情報の収集・処理、資料の収集、法務調査などを行うとともに、都区関係の調整に関して重要な役割を果している。また、特別区人事・厚生組合などの活動とも一体となり、特別区協議会はときには「影の東京市」とか「九段（現・飯田橋）の第二都庁」と言われるような影響力を持っているとされている(6)。「二三区相互の一体性」もここで行われる可能性があるからである。

「自治体が相互に連携しあい、共同して問題処理にあたるケースがあっても、いちがいに否定されるべきではないし、むしろ問題によっては共同処理することが望ましい場合も少なくない」（例えば、国や都に対する要望活動、都区制度の改革など）が、「本来なら、それぞれの区において、市民により信託された代表機構を通じて決定されなければならない事項についても、区長会は、共通目標の設定という理由で取りあげている。これもまた、一般の市では考えられない特別区の独自の慣行である。さらに、各部・課長の会議においてさまざまな問題が取りあげられ協議されているが、そこにおいてもどちらかといえば、各区の実情に応じながら特色ある対応を求めるというよりは、二三区の最大公約数を求め、共通的に対処することに傾斜する傾向がある」ので、逆に「地域の特性に応じた特色ある区政運営を展開する」ためには、以上にみたような「特別区が長年にわたって培ってきた共同処理の功罪にもメスを入れる必要があろう」とされる(7)つまり、二三区それぞれの自立こそが、まず問われるはずである。

現代はまさに都市型社会であり、その社会のなかに存在する基礎自治体は、自己の権限と責任で行う事務の範囲が広ければ広いほど、現実の政策課題に取り組むことができる。また、個々の基礎自治体のおかれた状況がそれぞれ異なるのであるから、個別に対応した政策形成が必要となる。こうしたことから、市民にとって最も身近な存在である基礎自治体に自治権が存在することが望ましい。特別区が真に基礎自治体として再編されるべき理由はまさにここにある。そして、自治権拡充の制度改革は、市民による運動によって支えられる時に、本格の改革となりうると考える。それには市民の政治的成熟が必要であり、われわれ市民にとっての課題は残されている。

(1) 神原、前掲論文、七八頁。
(2) 神原、同論文、七八頁。
(3) 神原は、都区間の新たな関係の確立として、一九八二(昭和五七)年の東京都長期計画策定に際しての都と区市町村の連携、また第三章でふれたが都区協議会の中に、一九八四(昭和五九)年に設置された都区制度検討委員会における都と特別区の対等な運用などの試みを例示し、都と区市町村の対等なパートナーシップの芽ばえとして、評価している(同論文、七九頁)。
(4) 神原、同論文、七三頁。
(5) 財団法人特別区協議会は、「民法三四条に基づく公益法人であり、特別区の連絡調整を図り、相連携して円滑なる自治の運営とその発展を期することを目的とする団体である」とされている(『一九九九(平成一一)年度事業概要』九七頁)。
(6) この九段の情報紙として、特別区協議会、特別区競馬組合及び特別区人事・厚生組合が共同で発行する「区政会館だより」は、二三区の動きをとらえるのに役に立つ。

（7）神原、前掲論文、七六―七七頁。

【資料】

「都政改革討議のための提言」

都区政研究会（一九七六年五月二〇日）

本書編者註記（二〇一二年三月）

(1) 東京都区制度の「特別区」は権限・財源の配分は「市」以下だが、「市町村」つまり《基礎自治体》レベルの組織であるため、大阪市など政令市の行政区画にとどまる「行政区」とは異なる。

(2) この『提言』の考え方は、特別区については市つまり市民の基礎自治体、都については、「県」つまり市民の広域自治体への純化をめざし、ついで都の首都性を市民の自治体にくわわる政治機能と位置づけている。

(3) 二〇一二年三月一六日、国の地方制度調査会・第8回専門小委員会では、今日の東京都区制度の実態をめぐって、東京都総務局長は「最適」とのべたが、これにたいして特別区長会会長は「都は財源を分けてやるという上からの目線」があり、今日の東京都区制度は大阪都構想の「モデル」ではない、と「猛反発」したという（『日経』二〇一二年三月一七日）。今日もつづく、戦後におけるこの都と特別区の対立は、本書「あとがき」をふくめ、本書全体の主題となっている。

東京都政は、昨年四月におこなわれた区長公選の「復活」によって新しい段階にはいるとともに、財政危機にともなう都政危機の緊急事態をむかえている。そして、都は目下、いわゆる「内部努力」といわれる改革に取り組んでいる。このときにあたり、私たち自身の市民参加という意味において、この『都政改革討議のための提言』をおこないたいと思う。この『提言』がひろく都民ならびに都・区市町村政関係者のあいだで討議されることによって、都政改革の長期展望と当面の対策課題について抜本的な検討がなされることを期待している。

いま私たちが、あえて提言をおこなうことにしたのは、都政の現状を憂慮する気持にとどまらず、なによりも都政改革の主軸に都区変則制度の改革をすえ、公選区長時代にふさわしい東京の政治革新をすすめる視点を設定することによって、はじめて、都政改革の進路をきりひらくことができる、と確信しているからである。

このような趣旨から、この『提言』は、まず基礎自治体としての区にさしあたって市なみの自治権を保障し、市民参加によってその内実をそなえた区市町村自治を確立するとともに、これを土台にした新しい都・区市町村関係を構想し、都を県としての広域自治体機能に純化することをめざしている。

しかし私たちは、けっして、県と市の現行制度およびその現実を理想にして都区関係のありかたを想定するものではない。むしろ、区長公選運動が制度改革をうみだしたように、現行制度のもとにおいても、都と区市町村の体質革新によって参加と自治の潮流をまきおこし、それらを新しい巨大都市の自治制度へと凝集させることができるという展望のもとに、この提言をおこなっている。

I　革新都政の意義と問題点

「東京に憲法を実現する」ことを目標に「対話」の都政をつくりだした第一期美濃部都政は、その実績にそって、第二期目はさらに「都政の主人は都民」だとする理念のもとに「参加」の都政へとくりひろげることができた。それは、保守都政において失墜していた都民の信頼を回復し、都民と都政の距離を縮め、東京に自治の芽を育み、憲法の原理を定着させるための着実な第一歩であった。

そしてさらに『中期計画』はシビル・ミニマムの考え方を導入して都市政策の価値転換をせまる契機をつくるとともに、その計画手法の一層の発展をめざす『広場と青空の東京構想』を提案した。このシビル・ミニマム（青空）と市民参加（広場）の提起は、多様な市民運動にたいし新しい自治の展望をひらき、区長公選の復活や市民参加による自治体革新へと接続するささえにもなった。しかもこの転換によって、オリンピック基幹道路建設に象徴されるような開発主導の都政から福祉優先の都政へと重点の移行も可能となった。

その結果、都民の自治意識の昂揚を背景に、東京都は「首都」から都民の「自治体」へと変容をはじめたのである。「権限なき行政の展開」から「財政戦争」にいたる新しい行政姿勢の創出はこの事態をしめしている。

革新都政のこのような成果については、高く評価したい。にもかかわらず、現在の都政の状況をみるならば、そこには財政危機とあいまって、都制発足以来つみかさねられてきたいわばマイナスの遺産が急速に露呈し、都政の前進にたいする障害となってきているといえよう。とりわけ政策決定中枢の事実上の不在と機構膨脹体質の放任は、都政の体質的欠陥となっており、緊急に解決をせまられている。この欠陥体質は、「都区一体性論」の幻想にたった、区市町村軽視の官僚制的伝統が累積してきた結果といわなければならない。

そのうえ、高度経済成長政策の破綻にともなって深化した今日の財政危機は、現行地方財政制度の欠陥によるものではあるが、それを都政レベルでみると、なによりも自治立法権・自治行政権・自治財政権の確立をふくむ都政ビジョン・基本計画の策定不能状態に起因するということが追求されなければならない。したがって財政危機克服対策の一環として提起されている税制、起債などの自治財政権にしても、それらは、財政危機の乗り切り対策としてではなく、革新都政が推進すべき自治体計画の策定、実現の基本条件として位置づけられるべきである。

またこの東京を中心とする五〇キロ圏域では、環境・都市問題が一段と深刻になり、市民生活が危機にあるにもかかわらず、これに都政が有効に対応できていないのも、以上のような課題認識の欠如によっている。このことは、都が、一方では区市町村自治による分権化を基本前提にすえず、他方では、広域自治体としての県的機能を軽視してきたことによるのである。とくに都区変則制度の弊害は、五〇年都区制度改革をへた現在でも、なお克服されずにつづいている。その結果、今日の都政は計画不在の「漂流する都政」におちいっているといわざるをえない。

以上のような観点からいえば、革新都政の成長と問題点を、次のように要約することができるであろう。

一　革新都政の成果

(1)　都民と都政の心理的距離の短縮
　　——対話都政・参加都政の展開

(2)　都政の計画における考え方の転換
　　——市民参加とシビル・ミニマムの提起

(3)　開発中心から福祉優先財政への誘導
　　——大型、専門の医療・福祉施設の設置など

(4)　国にたいする独自姿勢の強化
　　——都民本位の施策による抵抗機能の発揮

(5)　首府から自治体東京都への脱皮
　　——自治体機能の重視と「権限なき行政」の試行

二　都政の直面する問題点

(1)　区長公選段階への対応不能
　　——「都区一体性論」幻想の温存

(2)　基本計画の策定不能状態
　　——政策決定中枢の不在による「ただよう都政」

(3)　機構膨脹体質の放任
　　——幹部職員の状況追従と自然増収依存の放漫管理

(4)　県的広域機能の立ち遅れ
　　——市的事務の抱え込みと二重行政

(5)　区市町村参加方法の欠如
　　——基礎自治体不信と後見主義の惰性

このようにみるならば、今日の都政危機はたんに財政危機のみによってひきおこされているのではない。むしろそれは、区長公選運動から五〇年改革にいたる、区市町村自治の確立をめざす潮流に対応した都政転換の基本方針が欠如していたことによるものでもある。自治体・東京都の転生の苦悩といってよいであろう。この意味で、今日の都政改革にあたっては、区長公選の「復活」がもつ画期的意義を認識し、新しい都・区市町村関係のありかたを主軸にすえた都政全体の再編を必要としているのである。

Ⅱ　都政改革の原則

以上の展望のもとで、区市町村の自治を基礎とする都政改革をすすめるにあたって、次の六原則の確立を提言したい。

（1）市民自治による市民福祉の原則
（2）市民参加による自治体計画主導の原則
（3）区市町村優先・区市町村参加の原則
（4）膨脹体質をもつ機構の民主改革の原則
（5）首都圏の県市町村との広域協力の原則
（6）国にたいする自治権拡充の原則

（1）区長公選は東京都政にとって画期をなすものである。昨五〇年の区長選挙において新人区長の選出がすくなかったとはいえ、五一年度の都区財政調整の難航にみられたように、都と区の関係には漸次変化がうまれている。この傾向はさらに加速し、都区制度は根本から変化せざるをえないと予測できよう。それゆえ、五〇年改革の規模と内容になお不十分な点が多々あるとはいえ、区長公選の復活そのものにおける意義を過小評価してはならない。ところが今日の都政改革をめぐる種々の論議や提言は、その意義を十分に認識していないようである。それらは、都区関係の制度改革にはほとんど言及せず、旧来の「都制」の枠の中で、危機の打開や機構改革を検討している状況のようにみえる。

（2）そこで「都制」の現状について、あらためてその論点をあきらかにしておきたい。

①　まず区との関係をみると

五〇年改革以後も都は区にたいし、実質的に人事権をにぎるとともに、都区財調制度によって行財政の自立化を阻害している。また、区は、区民への責任より都への従属姿勢を変えることができず、市民参加によって区の独自計画をつくる姿勢がようやく出はじめたばかりである。これらの事態は、市民運動のイニシアティブで区長公選が実現した今日においてすら、都がその意義を十分理解できず、特別区の自治権を大胆に拡充しなかったことの帰結でもある。

② さらに市町村との関係をみれば
変則的な「都制」の別の論点がでてくる。すなわち都はいまだ〝二三区の市役所〟区は〝都の出張所〟にすぎないという戦前以来の組織・政策体質から脱却できていないのであるが、そのため、たとえば高校の増設、流域下水道等の整備、産業廃棄物をふくむ諸廃棄物の最終処理施設、公害対策など、市町村が切実に要求する県的機能の中枢課題への取り組みにたいする決定的な立ち遅れがみられる。いわゆる多摩地域格差問題よりもさらに深刻な都政の欠陥、すなわち県的広域機能の未熟という根本問題がそこに鋭く問われている。

③ それゆえ、今日、都政における中核問題はなによりも基礎自治体たる区市町村の自治権を前提に、広域自治体としての都機能を純化すること、すなわち〝県的都政〟の確立である。この論点が明確になっていないために、都への区市町村参加の方法・制度も日程にのぼりえないのである。

そこには、都の区（市町村）政への依存構造と、区（市町村）の都政への依存体質と、その両者の異常なもたれあいがいかに根深いかということが端的にしめされている。この点こそ、今日の都政の基本論点となるものであり、とりわけ都区制度における無責任の悪循環を切断することが都政改革の中心課題とされなければならない。したがって、都政改革には、都と区（市町村）の相互自立の原則のもとに、行財政権の再配分だけでなく、新しい都政のイメージ構築とその理論化が不可欠である。

この視点がなくては、当面の危機打開の方途も、機構改革も不徹底におわるとともに、この東京における市民自治・市民福祉を発展させうる道もひらかれないであろう。

（3） 都政改革にあたっては、さらにすすんで都政危機のみならず、東京における市民生活の危機をもその前提におかなければならない。

① 今日の環境・都市問題は、具体的にはそれぞれ地域特性をもっていることとあいまって、市民生活の再建のためのシビル・ミニマムを実現するためには、地域社会（コミュニティ）レベルから出発しなければならない。こうして市民参加によって策

定された基礎自治体の自治体計画が市民福祉実現の戦略として設定される必要がある。そのためにこそ、基礎自治体の自治権の確立が第一の課題となるのである。

② しかもこの東京においては、周知のように重要な諸問題がよこたわっている。すなわち東京都は、人口三〇〇〇万をこす圏域の中核県、五〇キロ圏の地理的中心地であることである。そこでは中枢管理機能が集中・集積して全国の管理拠点となっているため、人口集中がはげしく、隣接県の神奈川、埼玉、千葉などへと人口をあふれださせている。その結果、水源涸渇、広域公害、輸送システムの麻痺状況などへの対策が緊急となっている。都が首都圏の自治体と協力しながら有効な基本計画をつくり、国土計画に反映させることは、広域自治体としての都の最大の責務となっている。この国土計画との関連では、都が関連各県と協力しながらこの圏域人口の増減いずれの方向で計画構想を策定するかは、国民的規模で決定的意味をもっていることに留意すべきである。

（4） それゆえ、都政改革の構想・手順としては、第一に区の自治権拡充を中心とする都と区の関係の抜本的改革、第二には、都と区市町村との新たな関係の形成、そして第三として、都と首都圏の県市町村との広域協力関係が考慮され、第四には、さらに国との関連で、自治権の拡充をはかり、その一環として全国計画への積極的発言をおこなうことが必要なのである。

Ⅲ 新しい区市町村と都政

1 区自治権の確立

上述の構想のもとに都の機能純化をめざす都政改革にあたっては、都区変則制度の改革が緊急の課題となる。都区相互の自立を目標に、現地完結型の自治体行政の追求がなされなければならぬであろう。市民にたいして都・区それぞれの行政課題と政治責任を明確にしうる都市自治制度を構築する視点から、改革をすすめなければならない。そのためには、さしあたって、不徹底におわった五〇年改革の限界をのりこえて、さらに改革をすすめる意味から、とくに次の諸点を早急に検討すべきであろう。

(1) 公選区長に一〇〇%の人事権を
――地域の生活者としての職員像をさぐる

① 区における人事権確立の目標は、区長が職員定数、採用、昇任、任用、給与、交流など、すべての点で実質的に市と同等の人事権を掌握することでなければならない。

② 五〇年改革にともなって区長の人事権は形式的には確立したけれども、その実態は従前と大差がみられない。現行の人事制度は「当分の間」の過渡的なものだとしても、いかなる手続でいつまでに目標に到達させるか、その手順が明示されていないので、都と区は協力して移行計画を早急に策定すべきである。

③ その場合に最も問われることは、区民に身近な区政職員が地域に生活する市民としていかに勤務すべきか、その新たな公務員像の創造であろう。地域に生活する区民とともに考えて生きる職員なくして区民主体の行政は期待できない。職員は勤務する当該区内に居住することをもって、人事行政の基本としなければならない。

④ 以上の考え方を基礎に、都の責任で区と協力して当面おこなうべき改革は以下の諸点であろう。

a 区の部長や課長など幹部職員の人事権は、その内実において完全に区長が行使しうるようにする。

b 幹部職員の都区交流については、都区対等の調整の場を設けるとともに、職員の居住区と勤務区の一致をめざした交流の基準を設定する。

c 区の幹部職員研修の都受託を廃止し、区の独自研修システムを確立する。

d 区職員の管理職任用試験の都受託も同様に廃止し、区独自の体制づくりをおこなう。

e 一般職員についても、都と区の間ないしは区相互間・区市町村の間の有効な交流を前提としつつ、共同採用方式から独自採用への切り替えなどにより、人事行政を確立する。

（2）区に市なみの自治行政権を
――現地総合主義の都市づくりをめざす

① 市民生活に密接し区政が即応しうるような地域市民福祉に関する事務は、その責任と権限をすべて区に移管し、区において体系的総合性をもった行政を展開できるようにする。とくに五〇年改革の都区協議で区移管の方針が確定した福祉関連施設を中心とした一一項の事務は早急に移管する。

② とりわけ、都市計画とそれに関連する市的事務はすべて実質的に区移管をすすめ、法制的にも特例規定廃止の法改正をめざす。

③ いま都がおこなっている本来の市的事務であるはずの都市装置関係行政――ゴミ処理システム（一次焼却処理まで）、上水道（水源対策をのぞく）、下水道（流域下水道等をのぞく）、消防（多摩地区なみ）――は、基礎自治体における自治体計画の中枢的部門でもあり、それを公選区長のコントロールのもとにおくため、その責任と権限を区に移す。そのうえで区の責任のもとで逆に都に委任する処理方式や区間（あるいは区市町村間）共同処理方式が模索されることがあってもよい。

④ もちろん、事務件数で約四割（中野）とか予算で二四％・職員で三三％（練馬）であるといわれる国と都による区への機関委任事務が存在することによる弊害は、はかりしれないため、即刻、これらの事務を区の事務に切り替えるなど、廃止にむけての抜本的な改革案を検討しなければならない。

（3）各区に自治財政権の保障を
――都区財調制度の撤廃をはかる

① 都区財調制度は、「都区一体性論」幻想の基礎をなしていたが、この幻想が破綻した今日、それは解体されるべきであり、都区財調条例を廃止する。そのとき、区の財政は他の市と同様に国の地方交付税システムの運用をうける。

② 都区財調制度を廃止するにあたっては、現行の調整三税（元来市税となっている固定資産税、

住民税法人分、特別土地保有税）ならびに都市計画税を区に還元する原則にたって財源配分をきめ、特別区税調整条例は廃止する。

③　上・下水道、消防について、区は都に逆委任する場合には、都にたいし分担金等を支払うことにする。清掃はむろん「自区処理の原則」にもとづいて区の負担で処理する。

④　各基礎自治体間の税源の偏在からくるシビル・ミニマム格差を是正する財源処置は、広域自治体としての都の存在理由にもかかわる当然の政策課題とされる。

⑤　とくに、各区共通の「ミニマム・ストック計算」を基礎に、各区の既存ストックに逆比例する財源の再配分を考慮するとか、法人住民税等への外形課税の実施をすすめ、その税収を当該法人勤務者の居住地自治体に還元するシステムの開発などをも検討すべきである。

（4）　区政改革の起点

区の自治態勢を強めるためには、前記のような都区変則制度の完全撤廃をおこなうとともに、区みずからの内部努力が必要であり、この点で公選区長の政治的指導性の発揮が強く期待される。すくなくとも、さしあたり以下の課題にこたえうるような区政改革の展望をもつべきである。

①　市民ならびに職員に政策情報を迅速に公開し、市民参加・職員参加によってその創意を区政に結集するシステムを確立していく。

②　自治体計画の策定をすすめ、各区独自の人事・機構・政策を立案・実施する。

③　多くの区は大規模な人口・地域をかかえているので、将来における区域再編を構想しつつも、ほぼ五万前後を基準にそれぞれの区内に規模の小さな自治単位機構をつくりあげるなど、自治行政の地域化・分節化の構想を明示する。

④　さらにはコミュニティ・レベルの市民活動を基礎に、すでに各地の革新都市がおこなっているような市民参加方式を地域末端に確立する。

⑤　政策立案だけではなく、施設の建設や管理にも市民参加の制度を定着させ、各種施設の市民開放をおこなうとともに、ボランティア活動を

いかしうるような区政の体制をつくる。

2　区市町村主導の都政改革

今後の「新たな都と区の関係」の造出は「新たな都と区市町村の関係」のありかたとむすびついていく。

（1）　区は、市町村と連帯して、都政改革のために都にたいする先導機能を発揮する態勢をつくり、都の体質転換をうながしていく責任をになわなければならない。

（2）　都の県的機能をめぐり、各区や各市町村は都にたいし明確な政策要求をまとめ、ことに毎年度の都への予算要求などは、それぞれ市民に公開しておこなう。

（3）　都の基本計画の策定にあたっては、区市町村は連帯して自治体として積極的に参加するだけでなく、策定過程においてはとくに都民はもちろんのこと、区市町村の職員が参加するシステムをつくる。

（4）　従来の特別区協議会は、都の派遣職員が中心で都が区をコントロールする機構となっており、区相互間の自主的連帯性をそこなうような運営がなされ、また各区の独自な政治責任を不問にするような機能をもっているので、まずさしあたって都の職員派遣をやめなければならない。

（5）　なお、現行の特別区協議会の改革とともに、都と区市町村の対等な協議ないしは総合調整の機構を創出する構想を平行してすすめていき、「区市町村協議会」を新たに設置する。この協議会は自治体連合という性格をもたせ、運営は区市町村独自の財源と職員によるものとする。

3　改革をせまられる都政機能

さらに、都は、みずからその機能転換をはかり、その改革課題を明確にすべきである。

（1）　都は、市民生活に直接かかわる行政の実施機構ならびに責任と権限を区市町村におろし、基礎自治体の活動を前提として、その広域調整をおこない、県的機能としての戦略先導に純化すべきである。

（2）　都は、区市町村の自治権を前提として二重行政にならないように努力するとともに、さらに積極的に大型都市装置について戦略的に先行性をもった行政をすすめ、また市民施設についてはとくに都レベル（広域）でのみ必要とされる大型・専門施設に限定する。

（3）　区市町村自治を基盤に、都は、都レベルの独自の政策課題をめぐって基本計画を策定するとともに、機関対立主義の原則にたった都知事・都議会の指導責任態勢を確立する。

（4）　都の基本計画ならびに個別計画の策定などにあたっては市民と区市町村の参加手続を確保するとともに、毎年度予算案の編成にあたっても知事は区市町村の首長が出席する「予算編成会議」をへて、最終査定にするという制度をつくる。

（5）　都は、市民、区市町村、さらに都職員にたいし政策情報を大胆に公開するとともに、さらに参加システムを整備することによって市民レベル、区市町村レベル、都レベルの政策討議のチャンスを拡大する。

（6）　都に属する許認可、指導などの権限の行使にあたって、都は市民間のルールならびに区市町村の自治権を尊重し、決定過程および決定基準を公開する。

（7）　都は、区市町村にたいし、都全域のシビル・ミニマムを充足するために、タテワリ補助を全廃し、新たに「シビル・ミニマム充足計画」にもとづいて、その財源を〝自主財源あつかい〟で区市町村に交付する。

Ⅳ　都政当面の対策課題

都政改革をめぐっては、これまでのべた各般にわたる改革構想を基準にしつつ、以下の緊急課題について検討をいそぎ、その実施対策に早急に取り組むことが肝要であろう。

（1）　都政機構が一体となって危機克服にあたるため

都議会に都政改革について総合的・集中的に審議することのできる特別の委員会等を設置する必要がある。

（2）　緊急の危機対策から手掛けるため

現在進行中の『財政白書』の作成や通称『行財政

三ヵ年計画』とされている危機克服計画の策定にあたっては、なにより都・区市町村関係の改革視点を基軸にすえる。

(3) 当面の機構改革の実施にむけて

五〇年都区制度改革以後においてなお都が権限を留保している市的事務(さしあたって上・下水道や消防あるいは清掃をのぞいても)すべての担当部局について、早急に移管再編の方針を決定するとともに、それらの当該部課は区に移行するという前提のもとに、全体の機構改革を構想し、実行する。

(4) 広域機能の確立のため

巨大都市東京における県的機能の回復向上と広域協力機能の有効な発揮のために機構を整備する。

(5) 都区関係の抜本改革と整序をめざし

五一年度調整率の調整不調にもかんがみ、都区財調制度の撤廃方針をすみやかに検討する。それにくわえて、特別区の自治権を制約している〝市並み基準〟以下の特例規定すべてを廃止する方針を早急にうちだし、法令改正運動を率先してすすめる。

(6) 区市町村の都政参加をはかるため

都と区市町村の協議機関を都の条例によって設置する構想を早急にまとめ、都民に広く公開する。また、基本計画の策定や毎年度予算案の編成に関し区市町村参加を保障していく機構を今年度中にも創設する。

(7) 都政改革を一層うながすため

たとえば現在審議している新財源構想研究会は、新たな都区財政関係の構想の検討をふくめ、また、新庁舎建設審議会も、区市町村自治の拡充を前提としていく必要があろう。

(8) 市民参加の実効をあげるため

行政協力団体、各種審議会および委嘱委員等の組織と運営の実態を洗い直し、委員の構成や機能からみて区市町村政と競合・重複するようなものなどは、区市町村のそれを優先・拡充する方針のもとに、都はできるだけ廃止・移管・改編する。

(9) 以上のような改革を現実化するため

都はもちろん、区市町村を主体に行政技術の革新に取り組むべきである。すなわち市民参加・区市町村参加、職員参加の制度手法をはじめ、政策統計・情報の作成・管理・公開の方法、市民施設や都市装置の配置・設計・管理の技法、さらに自治体計画を中心に都市計画・国土計画の策定・実施方法、ないしは都内地域格差を解決するため必要とされる区市町村ストック計量システムの研究開発などがさしあたって必要である。

一九七六年五月二〇日

都区政研究会
神原　勝
篠原　一
菅原良長
西尾　勝
松下圭一

地方自治センター資料編集委員会編
『資料・革新自治体（続）』
一九九八年、日本評論社　所収

あとがき　都区制度問題の考え方

本書『東京都区制度の歴史と課題』は、二〇〇〇年、東京都建設局に勤務のかたわら、栗原利美さんが渾身の力でまとめられたものである。残念ながら、二〇一一年九月二九日、家族にささえられながら、五八才という若さで亡くなられたが、《自治》を基点においた栗原さんの東京都区制度改革の基本発想は今日もいきている。

栗原さんは、東京都区制度の過去、現在をまとめながら、その未来のあり方を模索し、関係者、友人からたかい評価をうけていた。その考え方の大筋は、二三区を基礎自治体、二三区の区長を全国市長会会員とした《二〇〇〇年分権改革》の考え方と同型であった。

大阪「都」という言葉は、すでに二〇〇三年、大阪府の「地方自治研究会」による『中間報告』につかわれていたのだが、二〇一〇年代にはいってニギヤカな話題になってきた。もちろん、大阪「都」問題は、いまだ中味のない思イツキの段階のため、誰も実質の論評はできない。

橋下大阪市長たちによる大阪府、大阪（政令）市・堺（政令）市をめぐる、この大阪「都」構想は今日のところ、戦時につくられた東京都区制をめぐる戦後の〈分権改革〉の歩みとは、全く逆の方向となっている。大阪「都」の提起者たちは、東京をふくめ日本の市民活動が戦後つくりだした、《基礎自治体》を起点とする政策・制度改革の歴史を無視して、逆行している。のみならず、堺（政令）市は大阪「都」への参加について、二〇一二年三月現在、「否定」的だという。

今回の大阪における都区制度をめぐる議論をみるとき、私たちは《歴史》から学ぶとともに、大阪「固有」の府・政令市間の関係特性をふまえなければならないと考える。大阪人のカラサワギにおわらないためにも、関西のマスコミ当事者たちの勉強もあらためてのぞみたい。また、大阪の「都」構想は、東京の今日の「都区」制度と全く異なっていくかもしれない。いずれにせよ、日本のマスコミは問題がどこにあるかをつかまなければ、みずからも〈デマゴーグ〉になっていく。

今回、この栗原さんの労作の刊行に私たち友人がふみきったのは、二〇一〇年代にはいって、今日のところは東京都区制度をモデルとするようにみえる大阪「都」問題が、にわかに争点になってきたためである。しかも、この東京都区制度の問題性・歴史・課題については、ほとんど知られていないという現実もある。東京都区制度は、戦時中、首都防衛のために急造されたためもあって、戦後も半世紀余、二〇〇〇年代にはいっても、制度としての「安定」をもっていない（本書【資料】編者註記・一一二頁参照）。いわば、戦時からのヤッツケ都区制度にとどまっている。

戦後における東京都区制度の歴史は、この都区制度を否定して、二三区をいかに基礎自治体としての、全国の「市ナミ」、さらに〈完全市〉にするかという、市民運動の連続でもあったのである。ようやく、〈二〇〇〇年分権改革〉で、区長たちは、全国市長会の会員になれたにすぎない。このことを、まず、強調しておきたい。東京都区制度に〈幻想〉をもってはならない。

大阪「都」もムリに出発するとき、しかも大阪都がもし東京モデルにとどまるとき、発足の日から、その特別区では「基礎自治体」つまり完全市への移行運動が、必ずおきる。今日の東京でも、都域の消防、水道、地下鉄など、基礎自治体や市民から都への付託をふくむにもかかわらず、都はあくまでナミの「広域自治体」＝県にし、区は他の市と同型であるナミの「基礎自治体」＝市であることが、後述のように基本要請となり、かつ不可欠だからである。だが二〇一一年現在も、現実の東京都区制度は無理のある「異形」にすぎない。

たしかに《二〇〇〇年分権改革》で、東京都の特別区は『地方自治法』二八一条2②で、法形式では「基礎的な地方公共団体」つまり「基礎自治体」になったにもかかわらず、東京の市民たちは特別区はなお市ナミにとどまり、「完全市」をめざす過渡形態にすぎないと考えている。このため、なぜ、「県」ナミの大阪（政令）市が都区制度に移行して、みずから「市」以下の特別区に解体・縮少するのかと、東京の市民たちは不思議にみている。そこには、大阪の人々の東京都区制度への「無知」があるのだろうと、東京の人々は考えている。

私は、長年、東京都議会で、生活クラブを母体とする「生活者ネット」の事務局を担当していたためもあって、東京都区制度の論点を以下に整理し、ひろく日本の自治体のあり方について、将来への問題提起としたい、と考えている。

＊

事実、東京都区制度は潜在的には爆弾をかかえている。《二〇〇〇年分権改革》で特別区が「法形式」としては基礎自治体としての市ナミになったものの、しかもかねてから区長・区議会議員の公選があるものの、実質をみるとき、二三区は自治体というよりも、実態はいまだ「市ナミ」という都の《内部団体》にすぎないからである。都は《都区一体性の原則》をかかげる県と、二三区という「内部団体」つまり特別区の合体物という、「妖怪」なのだと確認しておこう。二〇〇〇年分権改革以前は、東京都知事は同時に二三区全体の〈市長〉でもあったが、このかつての東京市の残映は今日もつづく。つぎにその論点を個別にあげておこう。

〔1〕東京都では、税収のたかい都心三区ないし四区では、今後ワシントンDCのような〈国直轄区〉となると想定されるとともに、他の区では全国の市町村と同じく、権限では完全「基礎自治体」の〈市〉に昇格し、財源でも総務省の地方交付税の対象自治体となると予測する必要があるほど、都心区と周辺区との税収格差はおおきい。

そのうえ、東京都による二三区の特定財源の吸いあげからくるのだが、〈都区財政調整〉という、今日の都による二三区への財源再配分は、制度基準によるのではなく、歴史経過のなかで政治妥協からくるマアマアという「慣行」によっているにすぎない。それゆえ、この都区財政調整制度を論理的に整序しようとすれば、「東京都」は崩壊してしまうのである。

しかも、世田谷区などは隣接する他の特別区や多摩地区の市と合併すれば一〇〇万人以上となり、県ナミの政令市として、いつでも都制から実質の独立ができる可能性をもつ。あるいはいくつかの特別区が合併するだけで、いつでも県ナミの政令市になりうる可能性をもつのである。このため、たえず《都区一体性》という神話を都は強調する。くわえて、『地方自治法』第三編第二章「特別区」によって、その分離・独立をおさえこんでいる。これが問題なのである。

また、都心三〜四区は税収や通勤人口がケタチガイに多いにもかかわらず、最近は高層マンションで定住人口がふえつつあるものの、その定住人口は少ないという、自治体としてむずかしい構造をもつことも、あらためて注目しておこう。ここから、誰もが納得いく都と各区それぞれとの間における権限・財源の〈配分基準〉はいまだに見出せない。大阪「都」は、その①特別区の区割の方法、また②各特別区への権限・財源の配分基準を見出せるというのだろうか。

［2］　東京の都と二三区との政治協議・決定の公式の場は多摩の各市などをふくむ「東京都議会」であるが、二三区については〈第二都庁〉といわれる飯田橋の（1）「都区協議会」という、密室まがいの「別室」があり、「事前協議」がおこなわれている。さらに（2）特別区人事委員会

が二三区新職員の一括採用をめざしてつくられている。これらはいずれも、都から特別区が市として独立するのを、都庁が阻止するためである。

この（1）（2）いずれも旧東京市の伝統をひきついでいる。（1）の都区協議会は、都主導のもとに、都区間の争点調整のほか、［1］でみたように前述の都区財政調整をあつかう。（2）は新職員受験者は希望区をだしうるものの、二三区の区役所新職員採用の一括筆記試験をおこなっている。区が市という完全自治体ならば、各区それぞれ独自試験をすればよいのだから、この一括筆記試験も、区はいまだに《都区一体性》神話のもとでの、都の「内部団体」にとどまる証明となる。

この（1）（2）からみても、二〇〇〇年分権改革で『地方自治法』上の「基礎的な地方公共団体」として「市」になったといわれる特別区は、今日も都庁の《内部団体》、つまり旧東京市の〈出張所〉（本書三四・三五頁の地図参照）という前歴からくる、都の植民地、つまり「市ナミ」にとどまっていることが理解されよう。区長公選、議員公選があっても、二三特別区の実権を都がもつという、戦時にできた都の基本骨格を変えることは、今日もできていない。

逆にいえば、財源・人事の基本において、二三区は都にたいして、今日も基礎自治体＝市としての自立ができていないのである。もちろん、そのほか、二三区はとくに財源の税源、権限の都市計画などなどでも、市以下の都の《内部団体》、つまり実態は旧東京市の〈出張所〉にちかい。それゆえ、個別行政をめぐって、たえざる都区間調整用の各種・多様な「連絡・協議組織」も都主導でつくられている。

「二〇〇〇年分権改革」で、法制上、区は「基礎自治体」となったといわれるにもかかわらず、以上にみた戦時中の都区制度出発以来、《都区一体性の原則》という言葉で美化されて、特別区は「市」ではなく、「市ナミ」にすぎないという、今日もつづいている都区間の行政現実をはっきり認識しておきたい。今日、県ナミの「政令市」である大阪市、また堺市がくわわるときは堺市もふくめて、みずから解体して、大阪府つまり「都」の、実質は直轄植民地＝「内部団体」である、「特別区」に分割・縮少されていくのであろうか。

［3］　現在、「都」移行がまとまる以前に、借金の多い大阪府、大阪市は、人件費の現実、ムダヅカイの実態などをみずから他の県や政令市と比較しながら公開・改革し、早急に自己革新をおこないうるか否かが、きびしく問われていることに留意しよう。

というのは、大阪府・大阪（政令）市を合体して都に再編する理由について、府・政令市の二重行政があげられているからである。だが、日本の全県における県庁所在市では、施策・施設における県・市の二重行政が、当然必要もあって、あるいはムダをふくめて、おこなわれている。そこに、問題があるとすれば、むしろ、この二重行政を制度化している全国画一、省庁縦割、時代オクレの、日本の国法ないし国基準の改定こそを、問題にすべきだろう。二重行政は大阪府・大阪（政令）市間での特殊事例ではない。

それゆえ、もし大阪での二重行政でとくに問題となるほどのムダがおこなわれているならば、この事態は、特別に、大阪における広域自治体（府）と基礎自治体（政令市）のいずれかの行政水準が低いか、あるいはその間の調整無能からきているとみるべきだろう。

この重複行政問題を文化大ホールで東京二三区でみてみると、それこそ、それぞれいくつかの国立、都立、区立の文化大ホールの三重行政となっており、そのほか企業や大学などの大ホールも重なっている。この事態は、二重行政、三重行政のムダというよりも、市民の需要のあることからきているため、都では重複行政というかたちでは問題となっていない。大阪では二重行政のムダがあるとすれば、大阪府、大阪（政令）市ともに、大学や企業などの大ホールまでをくわえて、その使用実態を「精査」し、具体的な統廃計画ついで適正な管理形態をつくればすむのであって、都区制度導入という飛躍した理クツにはならない。

水道関連の二重行政問題などにしても、大阪府、大阪市がいかにその通常行政が低水準で、無能であったかをしめして、市民からの嘲笑をうけているだけのことで、都区制度導入の理由にはならない。大阪府、大阪（政令）市のそれぞれの行政低水準こそを市民たちは問題にして、府・政令市間で調整をすすめればよいだけではないか。事実、その後、市町村による「大阪広域水道企業団」というかたちで、二〇一二年をめどに大阪市をふくめた解決をめざしている。「都制」でなくても解決できるのである。

府大、市大の併立も、研究対象・方法が異なれば、かえって研究の複数化のためその生産性もたかくなる。巨大大学に合併するときは、かえって官僚組織型大学経営に堕していくこともありうるのである。むしろ問題とすべきは、行政が主権者市民を「教育」するというマチガイを制度化し、不必要な職員を大量においている公民館ないし社会教育行政制度の廃止ではないか。公民館は市民管理・市民運営の地域市民センターにしたい。

［4］　大阪府が「都」になるとき、それ以前に大阪府や大阪（政令）市の返せない規模となっているそれぞれの大借金をどう処理するかが、基本の問題である。大阪を「都」にすれば、大阪府、大阪（政令）市それぞれの大借金の大統合となって、《特大》借金となり、その結果、大阪「都」のほかの市町村は、この「都」の《特大》借金を結果として実質分担させられるという、つまり市町村に配分すべき府の財源が大阪「都」の《特大》借金返済のためなくなるという、きびしい「マイナス」の循環がおき、一挙に批判があふれだすことになる。

とすれば、大阪府＋大阪（政令）市という《特大》借金をつくる合併ではなく、大阪府、大阪（政令）市がそれぞれ個別に、一定の基準でみずからそれぞれの大借金をへらしてのち、必要があればあらためて都区制度問題をとりあげてよいのではないか。

東京でも、島嶼は別として、二三区と多摩の市町村との関係では、かつては「多摩格差」というかたちできびしく問題がでていたが、多摩の市民活動の成果として、今日のところ都の財源配分が多摩への「プラス」の循環となっているため、多摩地区からこの点についての都への批判はでていないとみておこう。くりかえすが、大阪「都」となれば、旧大阪府、旧大阪（政令）市の合算された《特大》借金を、大阪「都」内の他の市町村も、実質かぶることになるのである。

大阪「都」、さらに関西「道州」の問題は、無能な大阪府幹部職員が、「都」や「州」に移行して府の大借金のチャラをめざした陰謀とみる考え方も、すでにひろがっている。まず、「都」制度を提起した大阪府、ついで大阪（政令）市が、それぞれ、みずからの大借金について、不透明な人件費ないしムダな事業費などがあれば、これを公開・整理して「実際」に縮少したのち、あらためて都区制度移行問題を議論してもおそくはない。

政治とは、後進国段階をぬけでた日本では、「進歩」を夢みるロマンないし幻想ではなく、この二〇〇〇年代では、半世紀にわたる自民党長期政権がつくりだした国、自治体の〈巨大借金〉からくる「日本沈没」とならないため、国、自治体ともに、この借金をどう整理するかにある。

それゆえ、借金を大阪府、大阪（政令）市あわせて《特大》規模にする大阪「都」制度移行にムダなエネルギーをつかうよりも、大阪府、大阪（政令）市が、個別にまずそれぞれの大借金ベラシないし行政改革にエネルギーを集中したい。

しかも、借金問題解決には、「都」制度による組織大規模化よりも、一府、一政令市それぞれによる借金ガエシという、現自治体のママでの解決が時間も早いし、責任もはっきりするだけでなく、「都」制度移行というエネルギーのムダな浪費もはぶける。とくに、「都」になるとき、必要となる旧府・旧政令市間の人事の統一ができないという、大合併市や大合併企業にもみられる、一〇年以上かかる非生産的かつムダな年月も不要となるのである。

［5］　以上の［4］の論点をめぐっては、大阪府、大阪（政令）市はあらためて、それぞれの各外郭組織全体をふくむ〈連結〉した赤字・黒字双方の公開を当然すすめ、その借金構造を市民、職員とともに、どうしたらよいか、考え直すべきであろう。大阪府、大阪（政令）市、それに大阪府におけるほかの各市町村も、それぞれの赤字・黒字をめぐる連結財務指数を自治体間比較もくわえてあきらかにし、わかりやすく公表して、それぞれの個別自治体における財政改革ないし借金返しの努力・推進こそが、行政体質改革をめぐってそれぞれの自治体で不可欠の急務である。

府知事、あるいは大阪市長のさしあたりの仕事は、「都」制度への移行ではなくして、この府、政令市がつみあげてきた連結借金をめぐる、大阪府、大阪（政令）市それぞれの債務整理ではないか。これには近道はなく、職員水準をたかめながら、しかもスピードをもって、行政・財政改革の施策をつみあげるよりほかはない。

《特大借金》をかかえることになる「都」になれば、大阪経済圏の経済浮揚がありうるとでも考えているのだろうか。自民党長期政権がかたちづくった、世界に冠たる超絶政府借金をかかえこんでいる国の政府も、とくに東日本大震災後は、大阪経済圏をはじめ各経済圏につぎこむ財政余裕はもちろんない。この大阪府、大阪（政令）市をふくめ、各自治体での借金返済には、国際経済の動向からみても、今日の日本では五年ぐらいでメドをたてる必要があり、一〇年ではおそすぎるのである。

以上は、日本における都区制度問題のイロハだが、橋下現大阪市長・前大阪府知事は、大風呂敷をひろげるのではなく、上述したように着実な一歩一歩をつみあげたい。そのとき、また、大阪の市民たちからの多様な改革案をも、整理してとりいれていくべきだろう。でなければ、市民たちは〈観客〉にとどまって、さらなる幻惑ポピュリズムにおちいって、その後市民たちはポピュリズム固有の「幻滅」におちいる。

それゆえ、「都区制度」移行にともなうムダをするよりも、その間着実に、府、市双方の職員水準の上昇をめざして、行政改革・借金減少の成果をつみかさねて、市民たちからの信頼をつみあげるべきだろう。

また、日本の自治体の「首長」は、現在の首長・議会の均衡をめざす二元代表制度であるかぎり、法制上〈対等〉である自治体の「議会」のなかに、首長は私党をつくってはいけない。これが自治体における、首長・議会の「二元代表制」におけるルールである。にもかかわらず、「大阪維新の会」という〈私党〉をつくってしまったことについては、「都」制度推進者をふくめて再検討すべきである。「私党づくり」と「リーダーシップ」は別次元ではないか。政党は「市民」の考え方を複数のワク組に集約して、市民が選択しやすくする政治媒体、つまり公党であって、首長主導政治の自己肥大をおしすすめる私党ではない。

それゆえ、これまでもたえず指摘されつづけてきた大阪府、大阪市それぞれにおける巨大借金整理ついで職務水準・職務規律の着実な改善と、都区制度移行という制度改革は、別次元であることを明確に自覚すべきだろう。それに、元官僚などの発想をまじえた「国家改造」へのオモイツキ・スローガンも、また別問題である。これらを混同するとき、マスコミ用のデマゴギーになってしまう。

＊

戦時中の一九四三年、東京都の出発にあたり、当時の内務省地方局長古井喜美（戦後、第一次大平内閣の法務大臣など歴任）は、その第一は「帝都たる東京に真に国家的性格に適応する体制を整備確立すること」、第二に「帝都に於ける従来の府市併存の弊を是正解消し、帝都一般行政の一元的にして強力なる遂行を期すること」、第三に「帝都行政の根本的刷新と高度の能率化とをはかること」をあげた。

だが、この「戦時帝都行政」と異なって、二〇〇〇年代の市民活動を起点におく「現代自治体政治」では、広域自治体の都レベルからではなく、むしろ、基礎自治体たる市町村が起点であり、東京でも都の内部団体にとどまる「特別区」を、基礎自治体の「完全市」への移行をめざしてきたのが、戦後東京における市民活動の歴史であった。それゆえ、大阪の「都」構想が、東京都モデルであるならば、《現代》の市民活動の歴史に逆行していることになる。

この栗原論文を丁寧に読みこむと、次の点が鮮明に浮かび上がってくる。まず、〈府＋市から都区へ〉の大阪「都」構想なるものは、〈区から市へ〉という戦後にめざされた「東京都区制度改革」と全く逆の歴史を歩もうとしていることである。

つまり、東京都モデルをとれば、大阪市という、現在「県ナミ」の権限・財源をもつ政令市を《府》に「吸収」して「都」とし、大阪（政令）市を特別区に分割して府の「内部団体」化、つまり基礎自治体たる政令市の解体をめざすに他ならない。東京においては戦後、「市」にむけた「特別区の自治権拡充」の五〇年余にわたる市民運動の歴史にもかかわらず、「市」＝基礎自治体にできないため、いまだ都区制度は「制度的不安定性」が続いているのである（本書の一一二頁以降【資料】編者註記参照）。

なかでも、「都区制度」の「骨格」として、かつて東京都また特別区の職員だった福島大教授の今井照さんもいうように、「都区財政調整制度ほど東京都にとって『おいしい』制度はない」（同「東京都区制度から考える「大阪都」構想」『市政研究』二〇一〇年一〇月大阪市政調査会）という、かくされた文脈をみなければならない。

都区の財政調整制度は、国の地方交付税制度と違って、基礎自治体つまり政令市の財源を、都が「吸収」することによって成り立っているのだという論理を確認したい。かつて府知事だった橋下現大阪市長は、この府と市、つまり矛と盾の関係を、どのように考えているのだろうか。この東京都の「おいしさ」は、もし東京都モデルをとるならば、「大阪都」にとっても同じ「おいしさ」である。

「大阪都」構想をめぐって、大小の脚色や飾りつけはあるが、これを取り払ってみると、「大阪都構想」そしてさらには「関西道州発想」の本質が、実のところ、大阪府庁幹部にとって、①「大阪府の大借金の、他自治体への借金チラシ」、ついで②政令市にたいする「大阪府の失地回復」にある、という見方が出てくるのは当然といえる。つまり、大阪府からみるとき、県ナミの政令市から①では「財源」取奪、②では「権限」剥奪をめざす、大阪〈政令〉市の〈自治破壊〉という批判をうけることを、大阪「都」の構想者たちは覚悟すべきだろう。堺〈政令〉市がこの「都」構想に、今日のところくわわらないのは当然である。

くわえて、大阪「都」の発想が大阪府主導ではじまったこともあって、もし「都」への移行の事前に、府・市間での人事平等という協定がむすばれても、結果としては市町村合併、企業合併の多くにみられているように守られず、③「都」の人事は大阪府中心、「区」の人事は大阪〈政令〉市中心になると想定しておくべきであろう。結果として、区は実質、大阪都の「内部団体」にすぎなくなる。長・議員が直接「公選」の東京都の特別区ですら、「二〇〇〇年分権改革」後も「完全市」になれず、東京都の「内部団体」性が、前述したように、いまだに強くのこっているのである。

そのうえ、この二〇〇〇年代、日本のモロイ大都市では、東京、大阪をふくめ、今後おこりうる大震災にそなえて、巨費を必要とする［1］防災のための都市改造、［2］老朽化した都市インフラ更新が急務となっている。これにくわえて、［3］高齢社会移行での福祉負担も加重する。とすれば、「都」制への制度イジリ以前に、この［1］［2］［3］に早急にとりくむことによって、このとりくみのなかで、首長・議員の政治家は、大阪府、大阪（政令）市それぞれの政治・行政さらに職員の「体質改革」をおしすすめるべきではないか。

ところで、最後の問題がのこっている。都制は本土決戦をめざした戦時中、首都という東京の歴史特性からきたのだが、今日、大阪だけを「都」にする議論をすすめる「理由は何か」という問題があらためてのこる。他方、この大阪市だけの大阪「都」構想と異なって、政令市市長会（正式には指定都市市長会）からは、正式に「特別自治市」構想がすでに、橋下大阪市長の就任以前の二〇一一年七月二七日にでているのも事実である。とすれば、大阪「都」構想の独走もできない。

さらには、県・市の二重行政が問題となるときは、最初にみたように各県庁所在市一般の問題となり、また県内の二ないし三政令市による県機能の空洞化が問題となるならば、神奈川県、福岡県などもふくめて考える必要がでてくるのではないか。

いずれにせよ、制度改革をめぐっては、制度間の〈全国均衡〉を考えなければならないという、熟慮が不可欠である。とすれば、大阪「都」構想の当事者たちは、この「都」構想の「理由」をあらためて整理し、明示すべきである。

東京の都区制度改革問題については、本書巻末に集録した、一九七六年の神原勝・篠原一・菅原良長・西尾勝・松下圭一『都政改革討議のための提言』（都区政研究会、一九七六年五月二〇日）も参照いただきたい。東京都区制度をめぐる、この考え方の基本は、「二〇〇〇年分権改革」にも反映している。

＊

本書の刊行にあたりご快諾いただいた、栗原利美さんのご遺族、栗原ミイ、鯉沼祐子、栗原政夫さんに感謝申し上げます。また、公人の友社武内英晴氏には、ひろく出版にあたってのご指導をうけた。栗原さんの友人、土山希美枝、南島和久、貝瀬まつみ、折原良尚、荒井千香子の各氏には、種々の意見とともに、註などの補正に協力をいただいた。

またこの「あとがき」については、松下圭一先生の示唆をいただいている。これらの方々に、御礼をのべさせていただきます。

なお、二〇〇〇年の栗原論文第四章第一節「制度設計の基本思想」については、思想史的構想が基調となっているため省略し、原文の第二節、第三節を、第一節、第二節とした。そのほか、最少限の補正を行ったが、その責任は米倉にある。

日本の自治制度は、もはやかつてのように内務省→自治省→総務省の官僚によるサジカゲン、あるいはまた政治家ないし首長のオモイツキからの出発もできない。本書の編者としては、今日、制度改革では、まず市民相互の議論が基本と考えるため、あらためて大阪府、大阪市の、財政現実をふくめ、徹底的な情報公開を期待したい。

二〇一二年三月二〇日

友人代表として　　米倉克良

地方自治ジャーナルブックレット No58
東京都区制度の歴史と課題
都区制度問題の考え方

2012年4月20日　初版発行

著　者　　栗原　利美
編　集　　米倉　克良
発行人　　武内　英晴
発行所　　公人の友社
〒112-0002　東京都文京区小石川５－２６－８
TEL 03-3811-5701　FAX 03-3811-5795
Eメール info@koujinnotomo.com
http://koujinnotomo.com

「官治・集権」から
「自治・分権」へ

市民・自治体職員・研究者のための
自治・分権テキスト

《出版図書目録》
2012.4

公人の友社
112-0002　東京都文京区小石川５－26－８
TEL　03-3811-5701
FAX　03-3811-5795
メールアドレス　info@koujinnotomo.com

●ご注文はお近くの書店へ

小社の本は店頭にない場合でも、注文すると取り寄せてくれます。

書店さんに「公人の友社の『○○○○』をとりよせてください」とお申し込み下さい。５日おそくとも10日以内にお手元に届きます。

●直接ご注文の場合は

電話・ＦＡＸ・メールでお申し込み下さい。（送料は実費）

TEL　03-3811-5701　FAX　03-3811-5795
メールアドレス　info@koujinnotomo.com

（価格は、本体表示、消費税別）

地方自治ジャーナル
ブックレット

No.3
使い捨ての熱帯林
熱帯雨林保護法律家リーグ　971円

No.4
自治体職員世直し志士論
村瀬誠　971円

No.8
市民的公共性と自治
今井照　1,166円［品切れ］

No.9
ボランティアを始める前に
佐野章二　777円

No.10
自治体職員の能力
自治体職員能力研究会　971円

No.11
パブリックアートは幸せか
山岡義典　1,166円

No.12
市民がになう自治体公務
パートタイム公務員論研究会
1,359円

No.13
行政改革を考える
山梨学院大学行政研究センター
1,166円

No.14
上流文化圏からの挑戦
山梨学院大学行政研究センター
1,166円

No.15
市民自治と直接民主制
高寄昇三　951円

No.16
議会と議員立法
上田章・五十嵐敬喜　1,600円

No.17
分権段階の自治体と政策法務
松下圭一他　1,456円

No.18
地方分権と補助金改革
高寄昇三　1,200円

No.19
分権化時代の広域行政
山梨学院大学行政研究センター
1,200円

No.20
あなたのまちの学級編成と地方分権
田嶋義介　1,200円

No.21
自治体も倒産する
加藤良重　1,000円

No.22
ボランティア活動の進展と自治体の役割
山梨学院大学行政研究センター
1,200円

No.23
新版・2時間で学べる「介護保険」
加藤良重　800円

No.24
男女平等社会の実現と自治体の役割
山梨学院大学行政研究センター
1,200円

No.25
市民がつくる東京の環境・公害条例
市民案をつくる会　1,000円

No.26
東京都の「外形標準課税」はなぜ正当なのか
青木宗明・神田誠司　1,000円

No.27
少子高齢化社会における福祉のあり方
山梨学院大学行政研究センター
1,200円

No.28
財政再建団体
橋本行史　1,000円［品切れ］

No.29
交付税の解体と再編成
高寄昇三　1,000円

No.30
町村議会の活性化
山梨学院大学行政研究センター
1,200円

No.31
地方分権と法定外税
外川伸一　800円

No.32
東京都銀行税判決と課税自主権
高寄昇三　1,000円

No.33
都市型社会と防衛論争
松下圭一　900円

No.34
中心市街地の活性化に向けて
山梨学院大学行政研究センター
1,200円

No.35
自治体企業会計導入の戦略
高寄昇三　1,100円

No.36
行政基本条例の理論と実際
神原勝・佐藤克廣・辻道雅宣
1,100円

No.37
市民文化と自治体文化戦略
松下圭一　800円

No.38
まちづくりの新たな潮流
山梨学院大学行政研究センター
1,200円

No.39
ディスカッション・三重の改革
中村征之・大森彌　1,200円

No.40
政務調査費
宮沢昭夫　1,200円

No.41
市民自治の制度開発の課題
山梨学院大学行政研究センター
1,100円

No.42
《改訂版》自治体破たん・「夕張ショック」の本質
橋本行史　1,200円

No.43
分権改革と政治改革
～自分史として
西尾勝　1,200円

No.44
自治体人材育成の着眼点
浦野秀一・井澤壽美子・野田邦弘・西村浩・三関浩司・杉谷知也・坂口正治・田中富雄　1,200円

No.45
障害年金と人権
─代替的紛争解決制度と大学・専門集団の役割─
橋本宏子・森田明・湯浅和恵・池原毅和・青木久馬・澤静子・佐々木久美子　1,400円

No.46
地方財政健全化法で財政破綻は阻止できるか
夕張・篠山市の財政運営責任を追及する
高寄昇三　1,200円

No.47
地方政府と政策法務
市民・自治体職員のための基本テキスト
加藤良重　1,200円

No.48
政策財務と地方政府
市民・自治体職員のための基本テキスト
加藤良重　1,400円

No.49
政令指定都市がめざすもの
高寄昇三　1,400円

No.50
良心的裁判員拒否と責任ある参加
～市民社会の中の裁判員制度～
大城聡　1,000円

No.51
討議する議会
～自治のための議会学の構築をめざして～
江藤俊昭　1,200円

No.52
【増補版】大阪都構想と橋下政治の検証─府県集権主義への批判─
高寄昇三　1,200円

No.53
虚構・大阪都構想への反論
─橋下ポピュリズムと都市主権の対決─
高寄昇三　1,200円

No.54
大阪市存続・大阪都粉砕の戦略
─地方政治とポピュリズム─
高寄昇三　1,200円

No.55
「大阪都構想」を越えて
─問われる日本の民主主義と地方自治─
大阪自治体問題研究所・企画1,200円

No.56
翼賛議会型政治・地方民主主義への脅威
─地域政党と地方マニフェスト─
高寄昇三　1,200円

No.57
なぜ自治体職員にきびしい法遵守が求められるのか
加藤良重　1,200円

No.58
東京都区制度の歴史と課題
栗原利美著・米倉克良編　1,400円

No.59
七ヶ浜町（宮城県）で考える「震災復興計画」と住民自治
自治体学会東北ＹＰ　［未定］

朝日カルチャーセンター 地方自治講座ブックレット

No.1
自治体経営と政策評価
山本清　1,000円

No.2
ガバメント・ガバナンスと行政評価システム
星野芳昭　1,000円

No.4
政策法務は地方自治の柱づくり
辻山幸宣　1,000円

No.5
政策法務がゆく！
北村喜宣　1,000円

政策・法務基礎シリーズ
─東京都市町村職員研修所編

No.1
これだけは知っておきたい自治立法の基礎
600円

No.2
これだけは知っておきたい政策法務の基礎
800円

福島大学ブックレット『21世紀の市民講座』

No.1
外国人労働者と地域社会の未来
桑原靖夫・香川孝三（著）
坂本恵（編著）　900円

No.2
自治体政策研究ノート
今井照　900円

No.3
住民による「まちづくり」の作法
今西一男　1,000円

No.4
格差・貧困社会における市民の権利擁護
金子勝　900円

No.5
法学の考え方・学び方
イェーリングにおける「秤」と「剣」
富田哲　900円

No.6
今なぜ権利擁護か
─ネットワークの重要性─
高野範城・新村繁文　1,000円

No.7
小規模自治体の可能性を探る
保母武彦・菅野典雄・佐藤力・竹内是俊・松野光伸　1,000円

No.8
小規模自治体の生きる道
─連合自治の構築をめざして─
神原勝　900円

地域ガバナンスシステム・シリーズ
（龍谷大学地域人材・公共政策開発システム　オープン・リサーチ・センター企画・編集）

No.1
地域人材を育てる自治体研修改革
土山希美枝　900円

No.2
公共政策教育と認証評価システム—日米の現状と課題—
坂本勝　編著　1,100円

No.3
暮らしに根ざした心地良いまち
野呂昭彦・逢坂誠二・関原剛・吉本哲郎・白石克孝・堀尾正靭
1,100円

No.4
持続可能な都市自治体づくりのためのガイドブック
「オルボー憲章」「オルボー誓約」翻訳所収　白石克孝・イクレイ日本事務所編　1,100円

No.5
英国における地域戦略パートナーシップの挑戦
白石克孝編・的場信敬監訳　900円

No.6
マーケットと地域をつなぐパートナーシップ
協会という連帯のしくみ
白石克孝編・園田正彦著　1,000円

No.7
政府・地方自治体と市民社会の戦略的連携
—英国コンパクトにみる先駆性—
的場信敬編著　1,000円

No.8
財政縮小時代の人材戦略
多治見モデル
大矢野修編著　1,400円

No.10
行政学修士教育と人材育成
—米中の現状と課題—
坂本勝著　1,100円

No.11
アメリカ公共政策大学院の認証評価システムと評価基準
—NASPAAのアクレディテーションの検証を通して—
早田幸政　1,200円

No.12
イギリスの資格履修制度
—資格を通しての公共人材育成—
小山善彦　1,000円

No.14
炭を使った農業と地域社会の再生
—市民が参加する地球温暖化対策—
井上芳恵編著　1,400円

No.15
対話と議論で〈つなぎ・ひきだす〉ファシリテート能力育成ハンドブック
土山希美枝・村田和代・深尾昌峰　1,200円

シリーズ「生存科学」
（東京農工大学生存科学研究拠点　企画・編集）

No.2
再生可能エネルギーで地域がかがやく
—地産地消型エネルギー技術—
秋澤淳・長坂研・堀尾正靭・小林久
1,100円

No.3
小水力発電を地域の力で
（独）科学技術振興機構 社会技術研究開発センター「地域に根ざした脱温暖化環境共生社会」研究領域　地域分散電源等導入タスクフォース
1,200円

No.4
地域の生存と社会的企業
—イギリスと日本との比較をとおして—
柏雅之・白石克孝・重藤さわ子
1,200円

No.5
地域の生存と農業知財
澁澤栄・福井隆・正林真之
1,000円

No.6
風の人・土の人
—地域の生存とNPO—
千賀裕太郎・白石克孝・柏雅之・福井隆・飯島博・曽根原久司・関原剛
1,400円

No.7
地域からエネルギーを引き出せ！
PEGASUSハンドブック
（環境エネルギー設計ツール）
堀尾正靭・白石克孝・重藤さわ子・定松功・土山希美枝　1,400円

No.8
地域分散エネルギーと「地域主体」の形成
—風・水・光エネルギー時代の主役を作る—
小林久・堀尾正靭 編　1,400円

都市政策フォーラムブックレット
（首都大学東京・都市教養学部都市政策コース　企画）

No.1
「新しい公共」と新たな支え合いの創造へ—多摩市の挑戦—
首都大学東京・都市政策コース
900円

No.2
景観形成とまちづくり
—「国立市」を事例として—
首都大学東京・都市政策コース
1,000円

No.3
都市の活性化とまちづくり
—「制度設計から現場まで」—
首都大学東京・都市政策コース
1,000円

北海道自治研ブックレット

No.1
市民・自治体・政治
再論・人間型としての市民
松下圭一　1,200円

No.2
議会基本条例の展開
その後の栗山町議会を検証する
橋場利勝・中尾修・神原勝
1,200円

No.3
福島町の議会改革
議会基本条例
開かれた議会づくりの集大成
溝部幸基・石堂一志・中尾修・神原勝

TAJIMI CITY ブックレット

No.2
転型期の自治体計画づくり
松下圭一　1,000円

No.3
これからの行政活動と財政
西尾勝　1,000円

No.4
構造改革時代の手続的公正と第2次分権改革
手続的公正の心理学から
鈴木庸夫　1,000円

No.5
自治基本条例はなぜ必要か
辻山幸宣　1,000円

No.6
自治のかたち法務のすがた
政策法務の構造と考え方
天野巡一　1,100円

No.7
自治体再構築における行政組織と職員の将来像
今井照　1,100円

No.8
持続可能な地域社会のデザイン
植田和弘　1,000円

No.9
政策財務の考え方
加藤良重　1,000円

No.10
市場化テストをいかに導入するべきか　～市民と行政
竹下譲　1,000円

No.11
市場と向き合う自治体
小西砂千夫・稲沢克祐　1,000円

地方自治土曜講座ブックレット

No.2
自治体の政策研究
森啓　600円

No.22
地方分権推進委員会勧告とこれからの地方自治
西尾勝　500円

No.34
政策立案過程への「戦略計画」少子高齢社会と自治体の福祉法務
加藤良重　400円

No.42
改革の主体は現場にあり
山田孝夫　900円

No.43
自治と分権の政治学
鳴海正泰　1,100円

No.44
公共政策と住民参加
宮本憲一　1,100円

No.45
農業を基軸としたまちづくり
小林康雄　800円

No.46
これからの北海道農業とまちづくり
篠田久雄　800円

No.47
自治の中に自治を求めて
佐藤守　1,000円

No.48
介護保険は何を変えるのか
池田省三　1,100円

No.49
介護保険と広域連合
大西幸雄　1,000円

No.50
自治体職員の政策水準
森啓　1,100円

No.51
分権型社会と条例づくり
篠原一　1,000円

No.52
自治体における政策評価の課題
佐藤克廣　1,000円

No.53
小さな町の議員と自治体
室崎正之　900円

No.54
改正地方自治法とアカウンタビリティ
鈴木庸夫　1,200円

No.56
財政運営と公会計制度
宮脇淳　1,100円

No.59
環境自治体とISO
畠山武道　700円

No.60
転型期自治体の発想と手法
松下圭一　900円

No.61
分権の可能性
スコットランドと北海道
山口二郎　600円

No.62
機能重視型政策の分析過程と財務情報
宮脇淳　800円

No.63
自治体の広域連携
佐藤克廣　900円

No.64
分権時代における地域経営
見野全　700円
No.65
町村合併は住民自治の区域の変更である。
森啓　800円
No.66
自治体学のすすめ
田村明　900円
No.67
市民・行政・議会のパートナーシップを目指して
松山哲男　700円
No.69
新地方自治法と自治体の自立
井川博　900円
No.70
分権型社会の地方財政
神野直彦　1,000円
No.71
自然と共生した町づくり
宮崎県・綾町
森山喜代香　700円
No.72
情報共有と自治体改革
ニセコ町からの報告
片山健也　1,000円
No.73
地域民主主義の活性化と自治体改革
山口二郎　600円

No.74
分権は市民への権限委譲
上原公子　1,000円
No.75
今、なぜ合併か
瀬戸亀男　800円
No.76
市町村合併をめぐる状況分析
小西砂千夫　800円
No.78
ポスト公共事業社会と自治体政策
五十嵐敬喜　800円
No.80
自治体人事政策の改革
森啓　800円
No.82
地域通貨と地域自治
西部忠　900円
No.83
北海道経済の戦略と戦術
宮脇淳　800円
No.84
地域おこしを考える視点
矢作弘　700円
No.87
北海道行政基本条例論
神原勝　1,100円
No.90
「協働」の思想と体制
森啓　800円

No.91
協働のまちづくり
三鷹市の様々な取組みから
秋元政三　700円
No.92
シビル・ミニマム再考
ベンチマークとマニフェスト
松下圭一　900円
No.93
市町村合併の財政論
高木健二　800円
No.95
市町村行政改革の方向性
～ガバナンスとNPMのあいだ
佐藤克廣　800円
No.96
創造都市と日本社会の再生
佐々木雅幸　800円
No.97
地方政治の活性化と地域政策
山口二郎　800円
No.98
多治見市の政策策定と政策実行
西寺雅也　800円
No.99
自治体の政策形成力
森啓　700円
No.100
自治体再構築の市民戦略
松下圭一　900円
No.101
維持可能な社会と自治
～『公害』から『地球環境』へ
宮本憲一　900円

No.102
道州制の論点と北海道
佐藤克廣　1,000円
No.103
自治体基本条例の理論と方法
神原勝　1,100円
No.104
働き方で地域を変える
～フィンランド福祉国家の取り組み
山田眞知子　800円
No.107
公共をめぐる攻防
～市民的公共性を考える
樽見弘紀　600円
No.108
三位一体改革と自治体財政
岡本全勝・山本邦彦・北良治・逢坂誠二・川村喜芳　1,000円
No.109
連合自治の可能性を求めて
サマーセミナーin奈井江
松岡市郎・堀則文・三本英司・佐藤克廣・砂川敏文・北良治　他
1,000円
No.110
「市町村合併」の次は「道州制」か
高橋彦芳・北良治・脇紀美夫・碓井直樹・森啓　1,000円
No.111
コミュニティビジネスと建設帰農
松本懿・佐藤吉彦・橋場利夫・山北博明・飯野政一・神原勝
1,000円

No.112
「小さな政府」論とはなにか
牧野富夫　700円
No.113
栗山町発・議会基本条例
橋場利勝・神原勝　1,200円
No.114
北海道の先進事例に学ぶ
宮谷内留雄・安斎保・見野全・佐藤克廣・神原勝　1,000円
No.115
地方分権改革のみちすじ
—自由度の拡大と所掌事務の拡大—
西尾勝　1,200円
No.116
転換期における日本社会の可能性
—維持可能な内発的発展—
宮本憲一　1,000円

自治体再構築

松下圭一（法政大学名誉教授）　定価 2,940 円

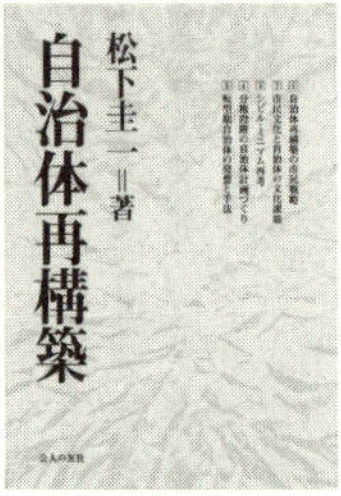

●官治・集権から自治・分権への転型期にたつ日本は、政治・経済・文化そして軍事の分権化・国際化という今日の普遍課題を解決しないかぎり、閉鎖性をもった中進国状況のまま、財政破綻、さらに「高齢化」「人口減」とあいまって、自治・分権を成熟させる開放型の先進国状況に飛躍できず、衰退していくであろう。
●この転型期における「自治体改革」としての〈自治体再構築〉をめぐる 2000 年～ 2004 年までの講演ブックレットの 総集版。

1　自治体再構築の市民戦略
2　市民文化と自治体の文化戦略
3　シビル・ミニマム再考
4　分権段階の自治体計画づくり
5　転型期自治体の発想と手法

社会教育の終焉［新版］

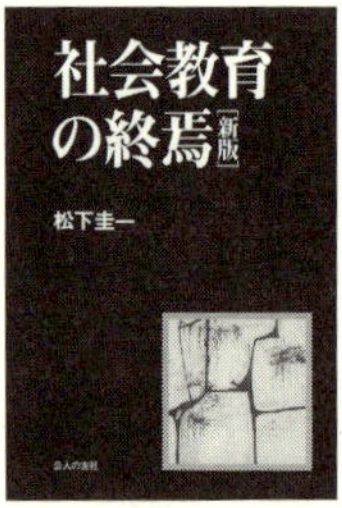

松下圭一（法政大学名誉教授）　定価 2,625 円
●86年の出版時に社会教育関係者に厳しい衝撃を与えた幻の名著の復刻・新版。
●日本の市民には、〈市民自治〉を起点に分権化・国際化をめぐり、政治・行政、経済・財政ついで文化・理論を官治・集権型から自治・分権型への再構築をなしえるか、が今日あらためて問われている。

序章　日本型教育発想
Ⅰ　公民館をどう考えるか
Ⅱ　社会教育行政の位置
Ⅲ　社会教育行政の問題性
Ⅳ　自由な市民文化活動
終章　市民文化の形成　　あとがき　　新版付記

増補 自治・議会基本条例論　自治体運営の先端を拓く

神原　勝（北海学園大学教授・北海道大学名誉教授）　定価 2,625 円

生ける基本条例で「自律自治体」を創る。その理論と方法を詳細に説き明かす。7 年の試行を経て、いま自治体基本条例は第 2 ステージに進化。めざす理想型、総合自治基本条例＝基本条例＋関連条例

プロローグ
Ⅰ　自治の経験と基本条例の展望
Ⅱ　自治基本条例の理論と方法
Ⅲ　議会基本条例の意義と展望
エピローグ
条例集
1　ニセコ町まちづくり基本条例
2　多治見市市政基本条例
3　栗山町議会基本条例

自律自治体の形成　すべては財政危機との闘いからはじまった

西寺雅也（前・岐阜県多治見市長）　四六判・282 頁　定価 2,730 円

ISBN978-4-87555-530-8 C3030

多治見市が作り上げたシステムは、おそらく完結性という点からいえば他に類のないシステムである、と自負している。そのシステムの全貌をこの本から読み取っていただければ、幸いである。

（「あとがき」より）

Ⅰ　すべては財政危機との闘いからはじまった
Ⅱ　市政改革の土台としての情報公開・市民参加・政策開発
Ⅲ　総合計画（政策）主導による行政経営
Ⅳ　行政改革から「行政の改革」へ
Ⅴ　人事制度改革
Ⅵ　市政基本条例
終章　自立・自律した地方政府をめざして
資料・多治見市市政基本条例

フィンランドを世界一に導いた 100 の社会改革

フィンランドのソーシャル・イノベーション

イルッカ・タイパレ - 編著　山田眞知子 - 訳者

A5 判・306 頁　定価 2,940 円　ISBN978-4-87555-531-5 C3030

フィンランドの強い競争力と高い生活水準は、個人の努力と自己開発を動機づけ、同時に公的な支援も提供する、北欧型福祉社会に基づいています。民主主義、人権に対する敬意、憲法国家の原則と優れた政治が社会の堅固な基盤です。

・・・・この本の 100 余りの論文は、多様でかつ興味深いソーシャルイノベーションを紹介しています。・・フィンランド社会とそのあり方を照らし出しているので、私は、読者の方がこの本から、どこにおいても応用できるようなアイディアを見つけられると信じます。

（刊行によせて - フィンランド共和国大統領　タルヤ・ハロネン）

公共経営入門 ―公共領域のマネジメントとガバナンス

トニー・ボベール／エルク・ラフラー - 編著　みえガバナンス研究会 - 翻訳

A5 判・250 頁　定価 2,625 円　ISBN978-4-87555-533-9 C3030

本書は、大きく３部で構成されている。まず第１部では、ＮＰＭといわれる第一世代の行革から､多様な主体のネットワークによるガバナンスまで、行政改革の国際的な潮流について概観している。第２部では、行政分野のマネジメントについて考察している。………本書では、行政と企業との違いを踏まえた上で、民間企業で発展した戦略経営やマーケティングをどう行政経営に応用したらよいのかを述べている。第３部では、最近盛んになった公共領域についてのガバナンス論についてくわしく解説した上で､ガバナンスを重視する立場からは地域社会や市民とどう関わっていったらよいのかなどについて述べている。　（「訳者まえがき」より）